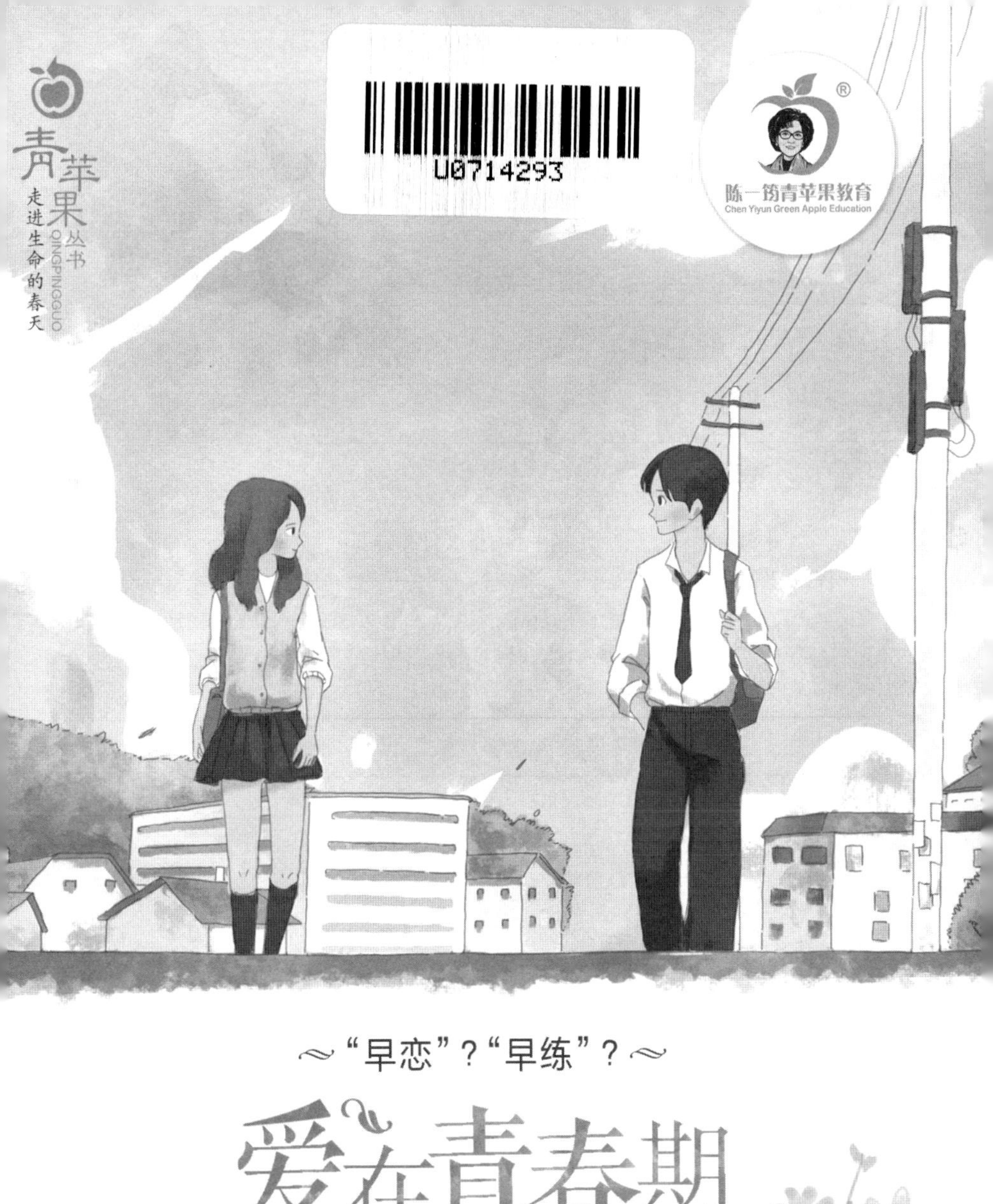

～"早恋"？"早练"？～

爱在青春期

陈一筠　主编

中山大學出版社
SUN YAT-SEN UNIVERSITY PRESS
·广州·

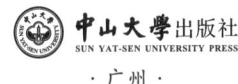

版权所有　翻印必究

图书在版编目（CIP）数据

爱在青春期/陈一筠主编. —广州：中山大学出版社，2017.10

（青苹果丛书）

ISBN 978-7-306-06130-0

Ⅰ.①爱…　Ⅱ.①陈…　Ⅲ.①青春期—家庭教育　Ⅳ.①G782

中国版本图书馆 CIP 数据核字（2017）第 186330 号

AIZAI QINGCHUNQI

出版人：	徐　劲
策划编辑：	金继伟
责任编辑：	张　蕊
封面设计：	高少波
责任校对：	杨文泉　王　璞
责任技编：	何雅涛
出版发行：	中山大学出版社
电　　话：	编辑部 020-84110771，84113349，84111997，84110779
	发行部 020-84111998，84111981，84111160
地　　址：	广州市新港西路 135 号
邮　　编：	510275　　传　真：020-84036565
网　　址：	http://www.zsup.com.cn　E-mail：zdcbs@mail.sysu.edu.cn
印 刷 者：	广州市友盛彩印有限公司
规　　格：	880mm×1230mm　1/32　5 印张　100 千字
版次印次：	2017 年 10 月第 1 版　2023 年 10 月第 15 次印刷
定　　价：	32.00 元

如发现本书因印装质量影响阅读，请与出版社发行部联系调换

~ 主编的话 ~

迄今为止,关于如何解释未成年人的亲密关系,人们还是众说纷纭。有人仿照成年人的爱情故事加以夸张与赞扬,有人则视其为越轨之举加以责罚和阻止,而从科学层面上恰如其分地分析和引导却极为少见。

其实,少男少女各自属于不同的性别磁场,阴阳互补,异性相吸,这是"磁场效应",自然规律。少男少女发育到青春期,"第二性征"展示出两性的外表差异。有差异才有吸引,这就是青少年欲求亲近异性的根本动因。从长远的意义上说,青少年在"磁场"的引力下自然地进入异性世界,了解异性,接纳异性,并从彼此交往中认识自己,学习两性之间的尊重和平等,增强自信,这既是青少年人格成长的必经之路,也是他们未来恋爱择偶的早期训练和准备。很难想象,今天的年轻人,在其少男少女时代不曾有过与异性的充分交往,就能够成功地建立和谐美满的婚姻关系。一个人不是等到考试再读书,

而是先读书,再考试。恋爱、择偶、结婚,是人生路上的重大考试,怎能不需要事先的训练和准备呢? 基于此种认识,何不把父母惯用的"早恋"一词改为"早练"呢? 如果少男少女及其父母都能泰然自若地把未成年人的情感交流和亲近之举当作人生路上某种特殊的训练和准备,当作迎考前的练习,也许就不会那么紧张不安,那么煞有介事了。

既然是训练和准备,而不是确定身份和关系,那就要保持分寸和界限,而不可想入非非,随心所欲。 少男少女需要知道,在人际关系的练习中,异性同学之间当然会经历欣赏、好感、崇拜、喜欢、同情等丰富多彩的情感体验,但这些体验还难以定格为久远的爱情。 少男少女之间的亲密情感,犹如蓝天上的白云,它纯洁、美丽、令人欣喜;但它又脆弱、短暂,难以把持。 如果少男少女的父母能够以这样的心态去理解未成年人的异性友情,多加关怀与引导,切忌羞辱和斥责,那么,孩子还会把正当的异性交往变为"地下活动",千方百计对父母"封锁信息",使两代人在隔膜中相互疏远和对立吗?

这本《爱在青春期》,其中收录了两代人各自讲述的青春故事。 不同的岁月和背景,相似的梦想与激情;不同的开头和结尾,相似的真理与规律,那就是:青春之情难以持守,伴侣之爱属于明天;"青苹果"尚待成熟,不能过早采摘。

我们将此书列入未成年人的教育系列,但愿它能成为孩子与父母共同的读物,伴随孩子走过风云变幻的情感世界,帮助父母关照与保护成长中的少男少女。

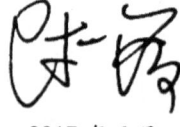

2017 年 6 月

花季的云雾

1. 初春的暗恋 / 2
2. 妈妈助我度过那次失恋 / 5
3. 请您别问她是谁 / 9
4. 今夜判决"初恋" / 11
5. 给发芽的种子一点阳光 / 15
6. 难忘中学那段情 / 20
7. 感谢妈妈的含蓄与淡然 / 23
8. 是谁在等我长大 / 28
9. 天使的翅膀没有折断 / 32
10. 纯情时代 / 36
11. 被扼杀的初恋 / 38
12. 一个男孩的秘密日记 / 42
13. 那一只青春小船 / 45
14. 岁月书签 / 48
15. 我的"被动初恋" / 52
16. 错开了青春密码箱 / 55
17. 妈妈帮我"谈恋爱" / 58
18. 初恋 / 61
19. 那种感觉说不清 / 64
20. 球场的暗恋 / 67
21. 心中的天使 / 69

情系两代

22. 又是槐花飘雪时／74
23. 儿子偷看裸体画／77
24. 给初潮的女儿写贺信／80
25. 开在教室里的红玫瑰／83
26. 我家有男初长成／87
27. 妈听儿子讲"初恋"／91
28. 我家发生过绝密事件／94
29. 未熟的果子不要尝／100
30. 与女儿谈"性"说"爱"／103
31. "青梅竹马"为何"背叛"／106

"春潮"释疑

32. "性梦"是罪恶吗／112
33. 花季的秘密／115
34. 解疑手淫／119
35. 青春之情：纯洁柔美，脆弱短暂／123
36. 词典里没有"早恋"／126
37. 拨开同性恋的迷雾／130
38. 性的位置／134
39. 暗恋老师为哪般／139
40. 少男少女的友情探究／142
41. 初恋情结为何如此刻骨铭心／146
42. 青春之恋：一颗红心，多种准备／150

花季的云雾

♀♂ 1. 初春的暗恋

爱神丘比特用他百发百中的神箭射中我的心,从此以后的我,不再是以前的那个我了。

也许是上天的安排,冥冥中,她出现在我的视野里,我和她在全校学生演讲比赛中不期而遇,她一声不响地坐在我的身旁。因为离比赛开始还有十几分钟,我便拿出书包里那本《笑傲江湖》读了起来。正当我全神贯注地沉浸在刀光剑影、恩怨情仇的书中情景之时,突然发觉什么东西掉在了我的脚上。低头一看,一个精美的笔记本映入我的眼帘。我弯腰拾起,一个书签从本子里掉了出来,上面有三毛的字句"花非花,雾非雾",旁边是一个很美、很诗意的名字——秦雪怡。

"谢谢你。"身边那位女生正专注地看着我。我被那张秀美俊俏的脸庞吸引住了:那温文尔雅的笑容,那犹如两潭幽水的双眸诗一般朦胧,额前的一缕秀发,轻掩着女孩青春的羞涩与稚气。

"谢谢你,那是我的笔记本。"她轻声地补充说。

"对……对不起,给。"由于刚才的走神,我有点语无伦

花季的云雾

次。可她并没有注意到我的窘态。

演讲比赛开始了,她主持了比赛,原来,她是学生会女生部部长兼宣传部部长。

离开会场,我的内心不由自主地涌动着一种很特别的情感,它像清水渗入岩石土壤般,浇灌着我那饥渴已久的心田。

就这样,没有任何预期和等待,爱神丘比特用他的神箭射中了我的心,从此以后,我开始了梦幻中的初恋。

我在心底一遍又一遍地呼唤着她的名字,可是她再也没有出现在我眼前。仿佛是上天有意考验我的耐心,就像你玩网络游戏正进行到与凶恶的敌人决一死战的关头,电脑突然死机了,任你怎样敲击键盘都枉然!我纳闷儿:惊鸿一现的秦雪怡怎么就人间蒸发了呢?

我不甘心,时常站在校门口的大树下张望,也许过路的人都在嘲笑我的痴迷,但我却毫不在意,坚信自己的痴心定能感动上帝。

"精诚所至,金石为开"。就在我苦苦的期盼中,秦雪怡靓丽的身影终于像一只轻盈的蝴蝶再次飘入我的眼帘。"机会就在你眼前!"我鼓足勇气,按捺住内心的慌乱向她走去。

"嘿,你好,这么巧,我们又见面了。"我竭力表现出泰然自若的样子,自觉很绅士地向她打招呼。

她似乎有点意外,怔了一下,旋而礼貌地回答:"是啊,

真巧，有事吗?"

事先想好的那些表白之词竟然隐退了，她的问话让我尴尬。

"没，没事，我……我在这儿等人呢。"我故作镇静地表示。

"那我先走了，Bye。"她回眸一笑，令我惊恐。一阵失望擒住了我，期盼化作了怅然。

"轻轻地，她走了，带走了一片云彩。"我吟着。美，真是太美了。

"失败乃成功之母，我绝不放弃。"我阿Q般地自我安慰。

然而，青春的风景变化无常。以后的每次相遇，我都未能如愿地表白。直到我和她彼此熟悉了，先前那种惊喜与期盼反而日渐淡了，激情不再。

蓦然回首，一切来也匆匆，去也匆匆。我虽有一丝遗憾，但毕竟那只是青春期的一帘幽梦，没有结果，却让我享受了梦中的甘甜。我庆幸自己的那份克制，也感激秦雪怡的那份淡然。

（刘　波）

 2. 妈妈助我度过那次失恋

那一次,我真的觉得一切都完了,17岁的我第一次遭遇失恋。我壮了很久的胆才向邻班英俊潇洒的牧野君表达了爱慕之意,他却不以为然。"谢谢你的表白,我很高兴,但是我没有那样的准备,非常抱歉。"这是多么冷酷的外交辞令!那么高傲的、可恨又可爱的他!那一刻,我恨不得找个地缝钻进去。

在早餐桌边,妈妈见我神情沮丧,便轻声问:"感冒了吗?"我没有反应。妈妈玩笑似的甩出一句:"嗨,莫不是失恋了吧?"

"失恋"二字忽然惊醒了我。我瞪着眼问她:"你怎么知道?"这下泄露了天机,我正别扭呢,妈妈却笑言:"祝贺你,我的宝贝,你终于失恋了!"

我简直不敢相信自己的耳朵。什么?天下竟有这样的母亲,女儿失恋她还要道喜?

那天放学后,妈妈带我在一家咖啡馆坐下来,她为我要了一杯咖啡奶。我沮丧地低着头,提不起精神。她问我那个男孩是怎样的人,我禁不住赞赏了一番。我说自己很笨,竟

未看出那个男孩并不在意我。妈妈却说那个男孩太笨,竟然把这么一块珍宝放弃。我说:"妈妈,你太抬举我了。因为你是我的妈妈。"妈妈呷了一口咖啡:"小娜,你出生时我得知你是个女孩,别提多高兴了。像我一样,你有一天要恋爱、嫁人、当母亲,完成一个女人的使命。初恋是最美的,也有苦涩,但它绝对是宝贵的财富,不会重复第二次。这是你的一次人生考验,也是你成长的机会,你必须积极地面对,所以我祝贺你。"

"这个男孩的拒绝并不意味着你价值的贬低,因为你还是一朵含苞待放的玫瑰,还不到绽放的美丽时刻。待你成熟之时,你一定会碰到在冥冥之中等待你的那个他,就像我和你爸爸。"

我顿觉一股暖流涌遍了全身。我问妈妈:"你也失恋过吗?"她又笑起来,肯定地点了头。我问她当时的感觉,她说当时好像天塌地陷,她趴在被窝里哭得天昏地暗。后来外婆到了她的房间,打开窗户,安慰她说:"直子!我们给你取名叫直子,就是希望你无论遇到什么挫折都能笔直地向前走啊!你看,太阳从东方升起来,新的一天不是又开始了吗?"

听了妈妈的回答,我的眼泪止不住流下来。妈妈把她皮包里的面巾纸递给我:"好女儿,哭吧,痛快地哭吧。"

我哭完了,妈妈开车带我到海边。向着大海,我们两人

像喝醉酒一样大声"噢,啊"地喊了起来,妈妈仿佛变成了一个少女。

回家后,妈妈为我制订了克服失恋的七天计划。

第一天,她"命令"我把自己卧室所有的杂物都清理一遍,把房间打扫一番。杂乱无章的房间一下子变得清爽,我的心情立刻开朗起来。

第二天,妈妈"命令"我给全家做晚饭。我从来没有做过像样的饭菜,那天竟用了四个小时才把晚餐做出来,虽然色香味都不理想,但却受到爸爸妈妈的夸赞。

第三天,放学后,妈妈带我到一个音乐俱乐部,说是要帮我实施勇气训练。一位女孩微笑着对我说:"请吧。"我觉得周围的人都停下来在看我。妈妈鼓励我说:"孩子,勇敢些,把你最拿手的肖邦曲子弹出来。"我咬着嘴唇,红着脸,弹出了那首最著名的《别离之曲》。

不知不觉之中,我仿佛与那个伟大的天才和自然之子站到一起,我感受到了他与乔治·桑分手时那种刻骨铭心的痛苦。我仿佛听到了西班牙古修道院里的钟声,普罗旺斯庄园早春的雨声,情人的伤心哭泣。我想到了牧野君的笑容,知道他不可能属于我。泪水肆无忌惮地流了出来。当我再也无法弹下去的时候,便停了下来,把脸埋在钢琴上。许久,世界静止了,周围听不到一点儿声音。当我抬起头来,听到身后响起了掌声,是母亲在为我喝彩。我转过身去,发现妈妈

脸上也挂着泪花。我奔过去与她紧紧地抱在了一起。接着，大厅里响起了许多人的掌声。他们在为一个穿着学生制服的瘦女孩鼓掌喝彩，掌声道出了人们对美丽的青春伤感的深切理解。

第七天过去了，我在教室外的走廊里又见到了牧野君，我勇敢地向他打招呼："嗨！你好吗，牧野君。"他有些尴尬地看着我，似乎惊奇于我的坦然。我礼貌地向他点了点头。当我走过他身边的时候，我的心仍感到一丝刺痛，痛中似乎还有一点甘甜。我知道，那就是妈妈说的青春的感觉。

（蒙　蒙）

 3. 请您别问她是谁

妈妈，我想有些事情是有必要跟您谈一谈的，但羞于出口，便写在这里了。现在，我长大了，有能力去处理一些事情。虽然我们在观念上不完全一致，但这不重要，因为我知道您和爸爸很爱我，这就足够了。我对我们的亲情关系很珍惜，所以才会给您写这封信。

我不想欺骗你们，这样我会不安。您今天和我说起的那件事的确有，我是和一个女孩去了涵洞南边。我们只骑了一辆车子，由我带她。现在我告诉您去那儿的原因吧。前不久我发现了一个很宁静、景色很美的地方。那儿的农田平坦开阔、满眼葱绿，田埂上看不到那些形形色色的皮鞋印，那是个最脱俗的地方。兴奋之余，我想邀一个人一块儿去欣赏，于是不经意地问了她，她欣然答应，于是我们就一块儿去了。

我们在那儿没待多久，转了一圈就回来了。一路上，我们谈了很多，是关于高考之后上大学的事。她那天拿了一本选报志愿的书，就是后来给您和爸爸看的那本，所以从那儿回来，我们去网上查了几所学校的网址。我们一起回家的时

候是比较晚了，让您和爸爸担心了，我觉得有点内疚，所以一进门便向你们报以微笑，表示歉意。

没准儿您会认为我是在狡辩。告诉您吧，我和她没什么特别的关系，只是同学加朋友。我们并不很了解，我只是很欣赏她身上一些与众不同的东西。至于我和她一起去那儿，没觉得有什么不妥。以前上初中，老师布置实践作业，是调查涵洞，我也是和女同学一起去的，如果那时就有人告诉您看见我和女生一起去，您是不是也会浮想联翩呢？如果您要说，现在，我长大了，不可同日而语，那您和爸爸四十多岁了，下乡插队的老同学来看你们，你们在一起开一些很洒脱的玩笑，不是也没觉得有什么不妥当的吗？

请原谅，今天您问起那件事时，我对您动怒了，因为我觉得十分委屈和伤面子。至于她是谁，我还是暂不告诉你们吧，因为我对你们还是缺少完全的信任。尽管你们很爱我，但你们完全信任我吗？请你们原谅，我不是欺骗，就算我保留的一点个人隐私吧。

我很爱你们，真的，尽管羞于说出口。

（刘　琦）

 4. 今夜判决"初恋"

周五下午我和小强一起坐公交车回家。上车时小强拉了我一把,车上很拥挤,小强的手一直没松开我的手。偷眼看他,他低头咬唇,脸红得像熟透的苹果。我没挣脱他的手,很羞愧又很喜悦,这大约就是情窦初开的感觉吧。

我们同住在科研所小区,小强是我从小的好伙伴,稳重温顺、品学兼优。加上我妈和他妈关系亲密,我和他无论怎样友好也是名正言顺、绝无非议。两个妈妈还开过"娃娃亲"之类的玩笑。从小学到初三,我俩常在一起学习,出去玩也是手拉手,亲如兄弟姐妹,各自的许多奖状、许多荣誉都是"互竞互助"的成果。我俩一起考上全省知名的重点高中,成了高一住校生,相互间的关照就更多了。只是有时目光或手臂有意无意地碰撞,使我们有了儿时未有的感觉,心慌意乱,躲躲闪闪,于是在有些同学并非恶意的玩笑中也有点"此地无银三百两"的那种脸红。接触莫名其妙地少了,两人的成绩也有退出前三名的趋势,我心里很害怕。

直到下车时小强才松手,低头慢慢地走。快进小区时,他停下来吞吞吐吐地说了一句:"小丹,你好久没去我家了

……"

我掩嘴而笑,一半羞一半喜。我故意问:"你想让我去你家?"他点头时脸涨得通红。我轻轻说:"那就去吧。"

我的心里其实有一种犯错的感觉,而且是一种明知故犯。我知道他也是明知故犯,我答应他就是合谋共犯了。

前两天我和他就知道了:他妈和我妈一起出国培训。我爸出差也要十天半月,家里已通知我和他这个星期天住校自理了。下午放学时他那样别有意味地看了我一眼,我便心照不宣地和他一起回家,作怪的青春情绪让我俩都有点"老谋深算"的意味。好在我还有一半想探知究竟的良愿。我想知道他在想什么,我想知道我自己的临场表现,我想搞明白两人那种单纯的友情何时何故变味了,我想在今夜弄清我俩是不是"早恋"了以及深浅对错。

他开门时手有点抖。他九岁时便没了爸,他的许多性格特点是受外柔内刚的妈妈影响的。关上门,拉亮灯,隔断外面的世界,我俩的童心便复活了。我不由自主地拍了他一下,他冲我做了个鬼脸,我们都笑了。"咱们做饭吧?""好哇!"于是一起忙乱。我俩都不会做饭,商量着争执着试验着尖叫大笑着,弄出几样很不像样的东西,吃了几口便龇牙咧嘴倒掉了,但总算在这件合作的工程里说说闹闹把气氛搞活了。

走进他的小屋,面对面坐下,他忽然说:"我们好久没

这样了。"

我心中也有同感:"是呀,这样真好!"尔后你看我我看你都不说话了。

当然是有缘由的。在学校,几次想方设法促成的约会,场面却有些尴尬,气氛庄重而沉闷。见面时说几句言不由衷的话便仓皇分手。人多时不敢对视,心乱如麻。真的好怀念从前那种两小无猜的坦然,真的不知道为何变成今天这种感觉,是继续前行还是就此停步呢?有时希望他明明白白地说出来,哪怕是"我喜欢你"之类的开场白也好。我真想知道这花季情窦初开的真假对错,此时男生女生最亲近的关系和最美丽的感觉,究竟属于喜欢还是爱恋呢?

已是夜色阑珊了,他起身走到窗前,"呼啦啦"声响后,我才知道他拉上了窗帘。我心跳加快,弄不清是喜是怕,只盼他先和我明明白白地说几句话。还好,他没有坐到我身边来,没有发生那种先拉手再往一起依偎的试探举动。若有,我真不知道自己该怎样应对。他坐下来,终于说话了:"小丹,我想知道……"

"说呀!我也想知道……"

"我怕你……不高兴……"

"说出来嘛!也许……"

"我……"又卡壳了。

笨拙的语言无法表达花季的隐衷,一切都被猜测牵绕

着。他似乎听出了我的所想,于是不敢说了。我也似乎听出了他的所愿,也不敢催他说。夜越深,各自的担心和羞怯越重,话题就越难继续,彼此都太紧张。我沉默不语,倒是他生出点男儿的勇气,坐正了,慷慨出声:"小丹,我还是得告诉你!"

"说呀!"

"不管别人怎么说怎么想,咱俩不是'早恋'……"

"而且,咱俩还得像从前一样,我不信我们没有纯粹的情谊……"

我吃惊地看着他,不禁泪如雨下……

他有些慌乱,站起来,进也不是退也不是……

我起身拉住他的手,终于鼓起勇气宣告:"我和你一样!"

(张丽丹)

 5. 给发芽的种子一点阳光

儿女永远生活在父母的视线里。父母的关注如同厚重的棉被一样，覆盖着孩子日益长大的躯体和心灵，可孩子却在逐渐成熟的过程中仿佛感到父母的关爱令人压抑。

那晚我哭得很伤心

我是父母的乖乖女，在他们面前我循规蹈矩，努力学习，从不在外惹是生非。可是，初一的下半学期，我收到了一个男生的信。他在信中表达了对我的爱慕之情，并提出和我交朋友，还约我周末一起去玩滚轴溜冰。当时我又兴奋又担心。兴奋的是有男孩向我求爱，青春萌动的少女是多么希望自己被男孩看重啊！几乎每个女孩都怕被冷落，但又担心和男孩交往会有什么后果。那种矛盾的感觉让我十分迷茫。我把这件事告诉了我两个最要好的女生，她们的意见也不相同。一个说拒绝，但态度要委婉，不能伤了男孩的自尊；一个说可以交往，但要保护自己，不能让男生占便宜。她们的态度让原本晕头转向的我更加不知所措。

我实在抑制不住内心的不安,终于在晚饭时向爸爸妈妈说了那件事,并让他们看了那封信。我多么希望他们能够帮我出些主意,以便应付过去,因为我并不想和那个男孩交朋友。我朦胧中的白马王子应该是潇洒飘逸、体态修长的男子,写信的男生却是一个有对眯缝眼的小胖墩儿。然而,爸妈的态度却令我失望:爸爸勃然大怒,痛骂写信的男生是小流氓;妈妈也说我不是让人省心的料,刚上初一就想谈恋爱,云云。他们的那番羞辱,让我无地自容。那个晚上,我未能入眠,在被窝里哭得很伤心,爸爸妈妈却未理睬我。

以前,我总是把爸妈当成可以倾诉心里话的人,自己有什么想不明白的事情都乐意向他们请教。可从那以后,我向他们关闭了我的心扉,对他们失去了信任。他们对那件事的态度如此令我悲哀,我打心眼里开始瞧不起他们了。

有些事总想弄明白

我的初潮是在初二下半学期。那天早晨,我上卫生间发现了,就抑制不住激动大声喊起来:"妈妈,来了!"妈妈推开门,不耐烦地问:"什么来了?嚷什么!还怕别人不知道?来就来呗,这有什么光彩的?做女人就是麻烦!"过去我从书上看到初潮来临表明女孩的成熟,可妈妈却没有对我的成熟表示欣喜,给予祝贺,相反,却用斥责、羞辱、压制将我心中关于女人的骄傲吓跑了。

过去，我曾问过妈妈：为什么生孩子的都是女人？为什么男孩站着尿尿而女孩蹲着？后来还问过她我是怎么来的。每当我问到这类事时，她就用粗暴的态度将我求知的欲望彻底封杀。可她越是这样，我越想知道，我从同学那里借来的书中知道了许多。男女之间的事情对于处在我们这个年龄的孩子们来说是个谜，我们非常希望父母向我们讲明白。

我上小学六年级那年，妈妈住院了。我急不可耐地问爸爸："妈妈怎么啦？"他支支吾吾回避躲闪，吞吞吐吐的样子让我心烦意乱。我嚷着要到医院去看妈妈，爸爸却坚决不许。他低着头说："你妈嘱咐不让你去，她怕你上医院会传染上病。"尽管爸妈拼命遮挡捂盖，我最后还是知道了妈妈住院是做妇产科手术。我觉得他们非常可笑，遮掩就是在自欺欺人。

爸爸盯了我的梢

那天下午，上完课已是五点多钟，天快黑了，而且还下起了小雨。我想起早晨上学时爸爸曾提醒过我要带雨伞，可我嫌麻烦没带，看来真是"不听老人言，吃亏在眼前"。我正在教学楼门口犹豫，我们班的班长——一个平时深得同学喜爱的男生对我说："咱们一块儿走吧，正好要路过你家。"

于是我和他共同走在一把雨伞下。一路上，我们愉快地交谈着，很快就到了我家，为了表示感谢，分别时我握了握他的手。

谁知我一到家就觉得家里的气氛不对，父母用一种怪怪的眼光打量着我。我问了一句："怎么啦？"爸爸立即就暴风骤雨般地发作了："你还有脸问，你老实交代你和那个男生是什么关系吧！我叫你你都听不见，看你们那种热乎劲儿就知道你们不是一般的关系。小小年纪谈恋爱，成什么体统！"

天啊，教学楼门口人声嘈杂，我没听见父亲喊我，但因此就犯了弥天大罪？我长久以来积郁的愤怒和不满，终于像山洪般爆发了。我像一头受伤的困兽，大声咆哮："你们把自己的女儿看成什么人了？跟男生共用一次雨伞就会把这一辈子交给他是不是？你们可以侮辱自己女儿的人格，可是没有玷污那个男生的权利！我现在根本没像你们那样成天只对男女间那些乌七八糟的事感兴趣！"母亲看我一脸正气，态度立即变软，劝我说："爸爸也是为了你好，为你担心，现在说你甭不听，出了事会悔恨一生的！"爸妈一红一黑的双簧使我无话可说，但心里像吃了苍蝇一般恶心。

我不明白，随着年龄的增长，我和父母之间的亲密关系为什么会突然消失？为什么爸爸妈妈会像防贼一样防着我？难道因为他们那一代人怎样走过来，我们就必须照样走下去？时代毕竟不同了呀！我也许在父母眼中不是一个好女

花季的云雾

儿,可是我并没有做错什么事。如果他们能学习一点新的知识,多给我一些信任和理解,更重要的是给我起码的尊重,我就会感到自己是天下最幸福的女儿。

爸爸妈妈,如果我是一粒已经发芽的种子,就请给我一点阳光吧!

(小 颖)

6. 难忘中学那段情

高中文理分班时,我选择了文科班。那个美丽、大方、聪明的女孩龚亚萍,就这样闯入了我的世界——自然得像风,安静得像云。

后来她告诉我,其实她开始特别对我不耐烦。我的数学课解题思路奇快,老师刚出完题我就扯着嗓子喊出了答案。她下课跑来指责我说,就算你头脑灵活反应敏捷急于表现,也要留出时间让别人思考,否则就是自私自利。那是开学第一天,语文课上,我又是一通名词佳句、妙语连珠,赢得语文老师的赞许。她又"警告"我说,就算你精通唐诗宋词元曲明清小说之类,也要给别人留点表现的机会,否则就是狂妄自大。就这样,开学短短一周,我在女同学中已"恶名昭著",其中,以龚亚萍的指责最为激烈。

我知道,我遇到了"对手"。她的数学极好,英语极棒,脑子极灵。我们俩真可谓"冤家路窄",各不相让。其实,在学习的竞争中,我们彼此欣赏,相互折服。课间、晚自习,我们经常一起研讨问题,友情在无声的时光中萌动。

她在同学中人缘不错,既能团结女生,又能接纳男生。

文科班男生少,所以踢球时自然要引进女生,她就是那其中的一个。我还清楚记得她那一脚直射到我脸上弄得我眼前直冒金星的厉害一球。

第一学期,她未被评上市级三好学生。有一天晚自习后她约我聊天,开始时她表情凝重,一言不发。我劝她有话直说,想哭就别忍着。在空旷寂静的大操场上,她面对着我无声地流泪。我安慰她说:"你的实力无须三好学生的称号来证明,不加分也能考上名牌大学,何必伤心,到时候咱们一块儿考上好大学。"在那个宁静的春夜,有一种特殊的感觉笼罩在我心头,很暖,很爽,很纯,很令人鼓舞。那是友情?爱情?我说不清楚。那是一种可贵的朦胧。

在老师对"早恋"极为敏感的目光中,我与她终于成为班主任的扫荡目标。班主任大谈"早恋"对学习的危害,好似敲山震虎,最后竟将我们"隔离审查"。但我们对两人的关系心知肚明,坚信"人正不怕影子斜"。我们无须向谁表白什么,也无须拒绝人们的疑问。

其实,我们根本不觉得自己有什么异常。我们依旧是好朋友,相互安慰,相互鼓励,仅此而已。最后终于使老师释然的是我们一直都保持着与其他同学的交往和友好的关系,因为友情是不排他的。一年多的相处,我们在相互鼓励中成长、进步,学习一路领先。

临近高考了,我送了她一串风铃,蓝色的,我说那代表

我永远的祝福；她送给我一支别致的圆珠笔，希望我考出优异的成绩。高考成绩揭晓，她考上了中国人民大学，我被北京师范大学录取。无论我们今后各自将走向何方，我们都将永远感激高中的那段相处，它给予了我们成长、成熟所需要的知识、悟性和激励。

这就是我想告诉青年朋友们的关于青春友情的故事。

（李永丰）

 ## 7. 感谢妈妈的含蓄与淡然

高三那年,我和一个男生走得很近,我们一同上学,一同回家,周末相约自习,逛电脑城,跑得很远去买参考书。也许是那种高考压力下的孤独使我们彼此产生信赖,觉得有一个人陪伴就有勇气走下去。每一次模拟考后我们都去爬山,在凌厉的疾风中谈论着遥不可及的未来和理想,空荡荡的山谷间回响着我们的声音。我们不觉得这样有何不妥,因为我们只是亲密地并肩作战,谁也不会对谁许诺什么"秋后的果实",我们还不懂爱情。

然而,班里的谣言是难免的,说我们恋爱也好,说我们思想开放也好,同学们都酸溜溜地看着我们俩,更有人心存不满。很快,我们的交往被班主任知道了,她立即召开家长

会。我原先以为我是那种可以让老师放心的"好学生",想必她了解我做事情的分寸;何况在高考"大战"一触即发的紧张状况下,

她不会在父母那一方面给我压力。然而,那天家长会,我母亲还是被单独留下来谈话了。我远远地看见她和班主任在走廊上"密谈",神情严肃,我的心变得冰冷。我知道,我最害怕、最忌讳的天大的误会发生了,而我对此又是百口莫辩、束手无策。一种深深的无助和迷惘在我的内心蔓延,我仿佛陷入泥沼,想要拼命挣扎却只是越陷越深。我是一个需要被人信赖、被人肯定的女孩,如果失去这些支持,我会软弱无力。

母亲回到家时,我锁上了房门,独自发愣。看着窗外万家灯火,我突然想从这个世界消失,与任何人都没有关系,甚至母亲。那种可怕的念头紧紧擒住我的心,令我感到窒息。

睡觉前的洗漱,我小心翼翼地避开母亲。可是母亲还是在我要进房间的那一刻叫住了我:"青。"我回过头,冷冷地看着她,我尽量使自己不露一点情绪,而且假装着很疲惫。母亲呆呆地看着我,竟然说不出话来。这是我第一次看到母亲的窘迫,我知道她很为难。"今天你们的班主任跟我们家长讲了一些……一些你们这个关键阶段要注意的事情……"母亲不连贯地表述着,艰难而费力,"她好像说,现在你们年级中有……有男女同学走得太近的情况,影响不太好……你,我想知道你有没有……"我别过头,不看她,说:"怎么可能,我学习都来不及,谁有心思去干那个?"母亲仿佛

舒了一口气,说:"那就好,早点睡吧,我还一直担心来着。"她上前安顿我上床,帮我掖好被子,关上灯,说明天叫我起床。我在黑漆漆的房间独自躺着,脑子里依然很乱。母亲似乎并不知道我真实的情况,否则就没有必要问我。那么,就是班主任没有告诉她?我心情平静了许多,觉得一切又变得乐观起来,闭上眼睛沉沉睡去。

几天后,一个周末下午,母亲在我身旁织着毛衣,不经意间对我说:"你说好气不好气,我居然听人说看到你和一个男生在逛街。我想他们一定是看花眼了,你学习这么紧张,哪来的时间?"母亲说着眼睛盯住我,一动不动,我知道她在等我的回答。我镇定地握住手中的笔,好让手不至于颤抖。

"是吗?怎么会?我没有啊,什么男生?"我做出一副沉思的样子,突然想到什么似的说,"噢,说不定是那次跟表弟去肯德基。你知道表弟人高马大,站在我身边完全可以充当我的男朋友了,他上次还说要冒充我的男朋友呢……"我滔滔不绝地讲着,可是觉得这个谎话不大高明,心里有些发虚。

"原来是这样,很可能的。"我知道母亲一眼就看穿了我的谎话,可是她仍然点着头表示相信。我感激地看着她,我明白她是在告诉我,其实班主任已经向她说明了一切,但是她不打算追究这件事,因为她信任我,不给我难堪,要我明

白她对此不赞成,但却可以理解。我们母女心照不宣地把这个秘密保留着,永远不会揭发出来,但永远都彼此了解心意。我知道了母亲的保护除了偷看日记、探知男同学以外还有另一种形式——缄口不言,给你绝对的信任。我那脆弱的自尊心和权利感在那一刻得到升华,我绝对不辜负母亲的信赖。

后来,上大学了,我和那个男生在两个不同的城市。我们开始还偶尔写写信,后来终于懒得再动笔了。似乎那个时期一过,彼此的吸引力便消失了,各自存在于自己的世界。

我非常感激母亲那时对我和那位男生的正当交往的宽容态度。如果她把事情渲染得很严重,那么,我必然也会相应地提高对这个男孩的重视度,会盲目地把这种感情当作爱情什么的,说不定会大义凛然地和那个男孩一道去捍卫"爱情"呢!我知道以青春期叛逆的心理来说,我是绝对有可能在那种情况下做出极端行动而伤害母亲的。然而,母亲的宽容与信赖救了我。母亲那双清澈的眸子中沉淀着许许多多的秘密,其中最令我感动的就是那件几乎影响到我整个人生的事。

我想我们每个人都有那样的一种自尊自强,我们都会努力去成为别人希望我们成为的样子。当人们对我们加以肯定的时候,我们会做得更好;但当我们成长的道路上得不到充分的肯定,甚至总是受到怀疑和训斥时,我们的心灵就会有

残疾的阴影。

只有得到别人的尊重，我们才会更加尊重自己；只有得到别人的理解，我们才能更加地相信自己，才能包容这个不完美的世界。我的母亲给了我这样的尊重，这样的理解，使我能够坦然地面对生活中出现的挫折，因为我相信，即使我无法用原有的方法和逻辑来解释那些我成长中的新的情况、新的问题，但我不会迷失方向，我永远有母亲的支持，有她对我无私的包容和信任。

妈妈，我多么思念你那清澈的眸子。虽然我现在已不在你身边，可是在我心里，你那深沉的母爱永远是我成长的动力。在每一个沮丧或孤独的时刻，我仿佛都能听到你坚定而温柔的声音。

我赞扬母爱，我感激母亲。

（小　步）

爱在青春期

8. 是谁在等我长大

我认识他的时候17岁,在县城中学上高二。

有一天上物理课,班主任老师忽然领来了一个高高大大的中年男人,说:"你们的物理课从今天起就由常老师教,常老师是从上海来的,学识渊博,你们要好好学习。"那一刻,所有同学的目光都被这个新来的老师吸引住了,他像某位电影明星,风流倜傥,俊朗温和,满脸笑意,一派大城市人的气质。

他自我介绍:"我叫常宽。有幸与明星同名,但请各位记住我是那个当观众的常宽,不是做演员的常宽……"

一下课他就被同学们包围了,大家问这问那,他的回答机智有趣。

我们从没有如此盼望过上物理课。除了常老师知识渊博、幽默风趣以外,我总觉得他还有另外一种魅力。他上课从来不用说"注意听讲"之类的话,所有人的注意力就已经集中在他身上了,人人都像是过节一样,抑制不住从心底溢到脸上的笑。哪怕答错了问题都是高兴的,只要能有与他说话交流的机会。他所在的教工宿舍成了女生们最愿意光顾的

花季的云雾

地方，他有课没课也经常到教室里转转，和我们聊天、讲故事、解题。许多同学将他视为知己，倾诉衷肠。我的话并不多，总是默默地注视着他，我希望在他的眼里我显得和别人不一样，希望他能格外地注意我。实际上，他注意着每一个同学，谁找他谈心他都很乐意。

我不知道是从什么时候开始感觉自己和他比别人更为亲近，是因为把向他表达崇拜之情的日记给他看了，还是因为自己有意地惹了几次祸让他伤脑筋解决？反正我们单独相处的时间越来越多，我们一块儿唱歌聊天，他总讲些有趣的故事给我听。

那是我直到今天也不能忘怀的周末夜晚，我和另外一个女同学跟他一起坐在河边唱歌（我们高中同学大都住校）。天晚了，大家站起来慢慢地往回走，女同学轻快地走在前面，而我和常老师默契地放慢了脚步。我把老师的手紧紧握在手心，眼里满是深情和惶恐的期待。老师停下脚步，认真地打量着我。远处女同学的喊声传过来："你们哪去了？常老师！常老师！怎么丢了？"常老师拍了拍我的肩膀，我听见他的声音："我得等你长大。"

幸亏那个同学是个心无城府的女孩，我们支吾一下也就过去了。但我当时已经昏了头，不知道自己是如何走回去的。从此以后在班里我觉得自己和所有的同学都不一样了，我似乎跟他有了秘密的约定。

暑假到了,他要回家了,我哭成了泪人,仿佛永远也见不到他了,真不知道那个假期是怎么过来的。终于挨到了开学,一天、两天、三天,常老师没回来,物理课换了老师。我像热锅上的蚂蚁,根本无心上课。其实已经有很多同学忍不住向班主任打听了,班主任只是回答不知道,我们得不到关于常老师的任何信息。

我疯了似的按他走前给我留的地址写信。很久很久,有两三个月吧,他回信了,不过是给全班同学写的,说一些想念我们的话。他说因为父母的关系,他不得不回到上海,他说他本来就是临时来代课的,让我们原谅他选择留在自己的父母身边,还说欢迎我们去上海找他玩。我实在不甘心,为什么?为什么?我继续给他写信!他终于给我回信了,通篇是老师对学生的鼓励。我没有找到我想要的一个字!

他就是今生第一个我爱的人吗?不行!我请了病假,坐车去了上海。我很容易地找到了他的学校,可是我不敢进去,在学校门口徘徊,那该是他出来进去的必经之路。我从中午一点多等到下午六点也没见到他,又饿又困,几乎要晕过去。后来,天下起了雨,门房的老大爷出来把我请进传达室,他正在炉子上烤馒头片,我说我不吃,然后就坐在一张椅子上眼巴巴地盯着大门。在老大爷的一遍遍追问下,我告诉了他我要等的人。他说:"常先生啊!早回去了,你没看到吗?跟他太太一道打伞过去的,去家里找吧。"

花季的云雾

他也许永远也不会知道那一刻,我站在他家的窗前,听着他和他的妻子又说又笑。正是在那一刻我明白了,没有人在等待我长大,我自己必须走向成熟,脱离稚气。

(扶　疏)

爱在青春期

9. 天使的翅膀没有折断

我是一个活泼开朗的女孩,我虽然没有漂亮的脸蛋,可绝对属于有气质的那一类,围着我转的男孩真不少,我才不正眼瞧他们一下呢。他们都说我是骄傲的公主,管他们怎么说,我还是快快乐乐、开开心心地过日子。

但是,最近,骄傲的公主有了心事,就是心里有了特别爱慕的一个人。可是,他既不是我的同学,也不是我的好朋友,而是我的数学老师——一个身材高大、魁梧,长着一双会说话的眼睛的大男人。他的风度像极了电影《罗马假日》里的格利高里·派克,而后者正是我心目中仰慕已久的白马王子。

我想象着在高大的厅堂里,我在钢琴上弹着《爱情进行曲》,他则在一旁含情脉脉地看着我,颔首点头;我想象着在回响浪漫音乐的大庄园里,夜空晴朗,满天繁星似乎伸手可摘,月光下盛开的鲜花,景色迷人,数学老师拥着我在庭院里漫步……我像着了魔一般,沉浸在自己编造的故事里。我夜不能眠,茶饭不思。每个早晨,我都盼着上数学课,除此之外,对任何事情都失去了兴趣,我的成绩下降了。我开

始写日记，我把对老师的思念都写下来，我觉得他只属于我一个人。

爸爸妈妈发觉了我不对劲。我瘦了许多，成天懒洋洋的。而班主任也上门来告状了，她警告，如果再不努力，我将留级。

爸爸妈妈想找出原因，他们不断询问我，可我一回到家就关上自己的房门，什么都懒得说，我不想说，我觉得自己在家里就像个陌生人。然而，我最神圣的秘密还是被他们发现了。

他们偷偷打开了我抽屉的锁，找出了我的日记。他们并没有责骂我，只说这是成长中的正常心理，但让我转学，说这是为了我专心学习。

我想，离开那位数学老师我会活不下去，我决定抛开女孩的羞怯，写一封给老师的信，表白我对他的思念。

那封信，我偷偷地丢进了数学老师的抽屉。可是一回到家，"梦"就醒了。我做了什么可怕的事？我想象着老师一边读信，一边轻蔑嘲笑的神态，我似乎看到老师已在班上宣读这封信，而同学们则诡秘地哈哈大笑。我失态了！我怎会那样愚蠢？

那一夜，我没合眼。早上起床，我内心十分空虚，我假装平静地背着书包上学，但没有去学校。我焦虑不安地等待致命的打击。为了排遣自己心里的慌乱，那天，我逃学了。

　　春末的天气暖洋洋的,我躲在江边一座小山上的树林里。清晨,淋过雨的地面又潮又凉,但那沁人心脾的春风吹拂着,我感到一阵清新。我靠着树,坐在如茵的草地上,看着鸟儿扑棱棱从草丛里飞来飞去,然后越过围墙消失在蓝天里。我心里羡慕极了,那鸟儿真自由!我想,要是一切都没有发生,要是一切都可以重新开始,该多好啊!懊悔一直折磨着我的心。

　　天渐渐黑下来了,没有谁来找我,树林里黑漆漆的,我害怕极了。我在黑夜的树林里摸索,想离开这里。但树枝总是咔咔地擦着我的脸,差点绊倒我。我迷路了,吓得大哭。我悲伤,我恨老师,我恨父母,我恨所有的人。我敞开心扉面对这个世界,但却没有得到善意的回应,我觉得这个世界对我太冷酷了。

　　父母和老师找到我的时候,树林里已微露晨曦了。妈妈搂着我说:"我们回去吧。"庆幸的是,爸爸妈妈没有责骂羞辱我,而是加倍关怀我,和我聊天,陪我散步,并给我解析"少女梦"是怎么回事。爸爸说:"你是我们的天使,你的翅膀还太稚嫩,承受不了爱情的分量。但是,你的翅膀并没有因为这一次挫折而折断,我们相信你还会回到蔚蓝的天空翱翔。"我说:"你们既然相信我,就不要让我转学,好吗?我会处理好发生的事情。"爸爸妈妈拍了拍我的肩,高兴地说:"这才像我们的女儿嘛!"转天,我背上书包上学了。看

花季的云雾

到数学老师,我没有回避他的目光,他也没有一点异样的表情,好像一切都没有发生过,我的心稍稍安定了下来。放学后,我到老师办公室向他道歉。

出乎我的意料,他根本不接受道歉。他说,对异性产生好感,甚至喜欢爱慕,本来就很正常,不值得大惊小怪。只是有的人把这种感情掩藏得很深,有的表达出来罢了。他还告诉我一个向谁也没有说出过的秘密:他在中学时期也像我一样,给异性写过"情书",只是对象不是老师,而是一个女生。那位女生既没有声张,也没有接受他的爱意,而是保持了沉默。为此,他一辈子都从内心感谢她。听着老师的叙述,我仿佛看见河面的冰层在解冻,甚至听见冰块断裂的咔嚓声……我预想中的致命打击,根本就没有发生。

经过这场春雨的沐浴,我这棵小树开始重新发新芽。我明白了幻想和现实之间有多么大的差距,知道怎样管理自己的情绪。曾经迷途的羔羊回到了自己的群体,我又恢复了正常的学习。

生活的教科书又开始了新的篇章,记录着幼稚、冲动的一页翻过去了,迎接我的是新一程的人生之路,是迈向成熟稳健之举。

这段既美好又痛苦的经历虽已过去,但却深深地铭刻在我心里。感谢生活,感谢理解与呵护我的父母和老师。

(金 巧)

爱在青春期

 10. 纯情时代

那时,我正读初中三年级,我们几个志同道合的同学,在课外成立了一个名叫"黄土地"的诗社。诗社里共有七个成员,六男一女,因而那位女孩就显得特别珍贵。虽然她谈不上漂亮,但却温柔,善解人意。

那年冬天,我们心血来潮,每半个月就出一次墙报。北方的冬天,滴水成冰,我们这几个心热的男孩都不知道该怎样御寒,而她却总能变戏法似的给我们拿出许多精巧而又实用的小东西。比如一条毛围巾,比如两只用兔皮做成的半圆形的小护耳,往耳朵上一挂,就把严寒挡在外面了。

最难忘的是她那双棉手套,又大又厚,用一根红线儿拴住挂在脖子上。要干活时就抽出手来,没事时就又伸进去,特别舒适也特别温暖。有一次,轮到我出墙报,她把捏在手里的手套往我面前一送。我很感动地向她笑了笑,伸手去接了后就往室外走,走了几步,又返回去,因为我在手套里摸出两块糖。我把糖掏出来,递给她:"你把糖忘在里边了。"她并没有伸手来接,只是嫣然一笑,低声说:"那是给你的。"

我一下子感到幸福得像一片云,有些飘飘然了。我由这两块糖想到了许多,类似"你挑水来我浇园"的镜头——闪现:我出墙报,她送来手套,手套里有糖;等将来,我伏案写作,她端来一杯咖啡,咖啡里有奶……越想越甜蜜,墙报自然越办越精彩。

十多年之后,当年诗社的六个哥们儿有幸聚在一起,举杯叙旧。我醉眼蒙眬地讲述着当年手套里摸出糖来的"情事",大家瞪大眼睛看着我,异口同声:"原来你也得到过?"而后大家你望着我,我望着你,不由得大笑起来。原来大家都有份。

现在,当年那位女孩早已为人妻了,不过,丈夫不是我们六个人中的任何一人。

即使到现在想起来,那个时代,那段年龄,那种情怀,那介于友情和爱情之间的感受,那种纯情女孩的心迹,以及胆怯而又微妙的表达,仍是那么令人留恋和温馨!

(李争平)

爱在青春期

11. 被扼杀的初恋

提起我的少年时代,我就有些伤感。

不知为什么,我从小学六年级开始,就爱盯着前排小女生的后脑勺发呆,那是一个梳着两只羊角小辫的女孩。女班主任经常把我爸爸请到学校里,说我上课走神儿。我爸是那种望子成龙的家长,班主任一告我的状,他就挥起大巴掌扇我的嘴巴,抽得我嘴角淌血。可是皮肉之苦还是不能遮挡我的眼睛,我仍禁不住往女孩的后脑勺上瞟。上小学的时候,我就知道自己是个意志薄弱的家伙。

好在我跟着女班主任学习的时间短,班主任与我分开的时候,很不解地说,你说你这挺聪明的小脑袋瓜,天天都想啥呢。我表面上诺诺应着,检讨自己的学习态度不端正,可心里却说,我想的是啥能告诉你吗?

其实我对"羊角小辫"也只是一种很朦胧的好感。从本能上说,我就是想知道女孩与男孩长得究竟哪不一样。就这样,我一路稀里糊涂地进了中学,真正的打击也就从此开始。

上初二的时候,班上转学来了个叫米兰的女同学。班主

任很钟爱她,牵着她的手走进了教室。米兰人长得也的确像花一样娇艳,让人眼前一亮。我怎么看怎么觉得她像我的梦中情人,所以总是有意无意地庇护着她。比如竞争宣传委员的时候,我就有意让贤于她。不过米兰像是不怎么领情,她数落起我来毫不给面子,我却从不羞恼。那段时间我一闭上眼睛,脑海里浮现的全是米兰的影子,她的一颦一笑全都牵动我的神经。

有一回,米兰病了。我在她家门外站了整整一个晚上,就是没鼓起勇气敲门进去。这就叫初恋,有贼心没贼胆。假如我一直这样嘀嘀咕咕的,把这份情愫埋藏在心底,那也算是留下了一份美好的回忆。可惜后来我贸然大胆了一把,结局就很悲惨了。

事情起因于看电影。我上中学的时候,电影票是很紧俏的,可以用来拉关系。班上小喜同学的妈妈在电影院把门,握有随便放人进去看电影的特权,因此小喜就赢得了许多人的笑脸。我却与小喜势不两立,原因是学期末评选先进时,我俩争夺一个名额。我认为是他向班主任贿赂了电影票,结果我就被淘汰下来。

我仇恨小喜,可并不代表广大群众的意愿。像米兰就整天与小喜嘻嘻哈哈的,混得蛮不错。这让我很难受。一次无意间听说米兰想去看一部印度电影,可小喜又一时无法满足。我感到这是天赐良机,于是攒了一个星期的零花钱,没

舍得买半根冰棍，又从我妈的钱包里悄悄取了几块钱，凑足了数买了两张高价票送给米兰一张。当时她什么也没说，只是笑了笑就收下了。她一笑，我就晕了。

转天，我美滋滋地赶到电影院门前，迎候我的却是班主任，旁边站着我爸爸。我一见老爸铁青着脸，浑身就哆嗦起来。

请女同学看电影外加偷父母的钱，数罪并罚，我就开始了漫长的停课检查。这时候，我又想起了米兰的笑脸。我怎么就忘记了"笑里藏刀"那句成语呢？我对女人的不信任也就由此产生，以至于影响到如今，我与许多女领导的关系总是不好。

出了这事之后，我在学校里成了人人皆知的坏孩子。米兰的爸爸找到学校，当着班主任的面警告我，再敢多看他女儿一眼，他就把我的眼珠子抠出来。班主任跟着火上浇油，说像我这样的孩子就欠教训。

我真是想不通，我好心好意请米兰看电影，她爸爸怎么倒像是受了奇耻大辱？我那时候连"性"这个字都没听说过，能有什么非分之想？但是，没人对我的动机感兴趣。后来几任班主任像接力一样，把我看得很紧。在学校里，我就像一个黥面的犯人，到哪里总觉得有人在我的背后指指点点。我开始厌学，若不是我爸的大巴掌震慑着，我早就跑到社会上混去了。

班主任把这事弄得满城风雨,而米兰也没从中获取多少好处,有了我的前车之鉴,好多人都开始提防她了。

过了许多年,同学会上我又见到了米兰,我没主动跟她打招呼。她埋怨我太小气,对当初的事情依然耿耿于怀。她却还有心调侃地说:"谁让咱们赶上那个时代呢!要不然,你现在请我看电影吧,我保准答应你。"

我并不是恨米兰,只是在那次经历之后,我的中学生活变得黯淡了。我对一个女孩的好感,竟给我带来了那么大的麻烦。其实少年时的迷惘就像黎明前的黑暗,最需要有一盏灯的指引。可我们的前辈,那些本应该为我们释疑解惑的人们,偏偏给我们的眼睛戴上了一个眼罩。在我的学生时代,学校里是禁止谈情说爱的,也曾开设过一门叫生理卫生的课程,性器官画得像迷宫一样,非专业人士休想看出个子丑寅卯。只要到了这一章节,老师一准合上书本,令学生自学完成。

现在想起来,班主任给我的印象像个修女,她总是喜欢穿一袭黑装。因为她的黑色,我的青春也就缺失了斑斓的色彩。

我有一个伤感的青春。如今当我的孩子遇到同样的关隘时,我不知道如何牵引着他走向阳光地带,因为我没有那种美好的经验……

(王广涛)

12. 一个男孩的秘密日记

妈妈进入更年期,对我不是横眉冷对,就是无尽的唠叨,要不就是板着脸,家里的天空似乎从来都是阴雨连绵。爸爸说,妈妈患了更年期综合征,是特殊时期,让我不要和她计较。可是,爸爸,你知道吗,我已进入青春期,我患有"青春期综合征",她能理解我吗?

首先是满脸的痘痘,使我丑陋的面孔快赶上《巴黎圣母院》里那个怪物卡西摩多了。为了躲过同学们的"注目礼",在和他们说话时,我总是"左顾右盼"。即便如此,伙伴们还是用怪怪的眼光打量我,一个男生终于"正告"我:"嘿,你小子不是胡思乱想,哪来的那么多性激素?"我一时说不出话来,这绝对是冤假错案,可是,我该怎么为自己辩解呀!要怎样才能尽快结束"战痘的青春"啊!

喉结似乎要冲破我的喉咙,可着劲儿地往外突;而且,胡子也像春天的小草般,密密麻麻长出一大片,以至于班上开联欢会,同学们说我不用化装就可以扮演"老大爷",让我顿时比同伴老了两辈!一气之下,我使劲拔胡须,恨不能斩草除根,可是,胡须没见少,却引起毛囊发炎,原本黑乎

乎的一片，又增添了玫瑰色彩，使"版图"既鲜艳又宽阔，更加引人注目了。

父母一天只知道让我吃，这使我的身高在一年里长了8厘米，和同学们走在一起，真像是羊群里出了骆驼一般。更糟糕的是，吸收的钙跟不上身体的发育，脚抽筋，篮球比赛到关键时刻，我就是蹦不上去，大好形势常常断送在我手里，没少受同学埋怨。还有，上课老犯困，常常是"春眠不觉晓，醒来闻铃响（下课）"。

爸爸，你知道我有一件最让我瞧不起自己的事吗？我在梦中老梦见和女生亲热拥抱，有时还有更出格的举动。我承认对女生有好感，可是我并没有想过那些事啊！醒来，虽然有十分舒服的感觉，可是内裤却湿了，黏糊糊冷冰冰的。我害怕是生病了，想说又怕你们责备，只好把内裤丢进马桶里。那天，妈妈大嚷厕所堵住了，不久掏出我的内裤，爸爸你把我大骂一通。其实，我好希望你趁这个机会帮助我一下，告诉我这是怎么回事，该怎么办，因为爸爸你也是一个男子汉，你肯定知道该怎么处理的。可惜你就没有往"那"方面去想，爸爸，是你太忙，还是你没有这方面的经验？

我的同桌小娟，一个微胖但很可爱的女孩，不知为什么，我总是想博得她的好感，有时没话找话说，为达到目的，我常找一些题目去问她（其实那些题我都会）。有一次，我昏了头，刚问了她一个简单的数学题，她就瞪我一眼：

"这个题今天上午你不是刚回答过老师吗?"一下子使我的"狼子野心大暴露",我窘得无地自容。

为了解除心中的烦恼,我偷偷到书店买了一本《性知识手册》。那天我看得那样专心致志,因而没有听到爸爸你老人家进门的脚步声,只见你从我背后大喝一声,像抓贼似的,气得脸色煞白,抢过我的书,大骂我是不学好的东西。我很困惑:"书店里卖的书是不能读的吗?我脑海中那么多的问号,没有谁帮我解答,我自己看看书也不行吗?"

我患了青春期综合征,心里的烦恼多着呢。可是没有人理解我,帮助我,哪怕是我的爸爸妈妈。一切都必须我亲自面对,一切都要我自己解决,但我真的觉得力不从心。我很自卑,也很孤独。我不知道何时才能走出这令人尴尬的青春期。

(易　东)

 13. 那一只青春小船

高二时,和所有步入青春萌动期的少年一样,我也难以自拔地陷入一种莫名的幻想。很难说清那究竟是一种什么样的感觉,仿佛心中有一扇窗户突然敞开了,一个逐渐明朗的影子出现在眼前,令我魂牵梦萦。

她叫叶子,一个很美的名字,就像她美丽的身影和脸庞。因为她,我对所有跟"叶"有关的事物产生了兴趣,如"树叶""心叶""扇叶""落叶"。对叶子的这种不可抑制的迷恋让我的学习一落千丈。可是,叶子并不知道这一切,不知我内心受着怎样的煎熬。

直到有一天,我鼓起勇气,决定让叶子明白我的烦恼。

我偷偷把一封精心修饰、千锤百炼的情书放进了叶子的书包。第二天,叶子居然回信了!

信封是那种绿色的树叶形状,还附有一张字条:"阿平,放学后把信带到莫名河边,再拆开。一定要讲信用哦!"

我快乐得要疯了。看着纸条,我似乎听到了叶子那清脆悦耳的笑声,看到了那漂亮可人的俏颜。虽然我立马想拆信,但理智让我忍耐住了。

爱在青春期

放学后，我带着一颗几乎就要跳出胸腔的心却又强装平静的姿态来到了莫名河边。

我挑了一处干净的草地坐下，放眼那波光粼粼的河中央。"有位佳人，在水一方。"假如叶子就在这儿，多好！想着想着，我陷入了沉思……

"嘿，对不起，我来晚了。"背后有人拍我。回头一看，是叶子！叶子含情脉脉地望着我，轻声说道："什么都别说，阿平，我想和你在一起，好吗？"我喜出望外："愿意，愿意，十二分愿意！"叶子的脸上顿时浮起两朵羞赧的红云，我兴奋得手舞足蹈，直到河边有位行人怪异的眼光让我镇静下来。

咦，叶子呢？我这才发现，刚才那一幕不过是一场幻影。已到傍晚时分，我不能再等了。

我怏怏地打开了叶子的信，几行清秀的字映入我的眼帘。

阿平：

你好！首先我要谢谢你的一片心意。当你拆阅这封信时，一定是在河边。那么，请抬头看一看那蓝天白云，我们的未来不正如天空一样辽阔而不可触及吗？再看看那潺潺不息的河水，我们的人生，不就像这河水一样永不停息吗？

无论是在高中，还是大学，只要一个人还不能把握自己未来的命运，那么，所有的幻想都过于脆弱，经不起岁月的

碰撞。

有时,放得下比拿得起更需要勇气和力量!但我相信你一定能做到,我会为你祝福。看完了信,就把它叠成一只小船,放入河中吧,让这艘满载着青春梦想的小船驶向远方。

叶子

我此时的感受难以名状,只觉心中一阵酸涩。仰望天空,晚霞映着落日,像燃烧着的红云,可是我的心,却渐渐冷却下来。

刚才的兴奋与梦幻消失了,脑海中只留下叶子的祝福。我仿佛顿时成熟了许多,心情也舒展了。

叶子说得对,在青春期,有许多梦想缠绕着我们,甚至羁绊着我们,但我们千万不能因此停滞不前。我发自内心地感激叶子。

那封信,被我折成一只小船,轻驶在河中。我看见,自己那只曾暂时搁浅的青春之舟又起航了!

(李争平)

爱在青春期

14. 岁月书签

有一天,小雪发现自己喜欢上了年轻的语文老师。这个发现把她自己都吓了一跳。但是,这个念头就像春天树上茁壮成长的芽苞,一旦生出就遏止不住地伸展腿脚。

小雪喜欢语文老师,似乎也没有多少值得解释的理由。就是喜欢他总爱穿干净的衬衫,喜欢他讲课时专注的神情,喜欢他从来不拿讲稿侃侃而谈的风度,等等。

小雪在本子上一遍一遍地写语文老师的名字。她怕同桌发现,就只好先写很多别人的名字,把语文老师的名字排在最不引人注意的地方。小雪觉得心里有种涩涩的苦,于是她把自己的感觉写了下来,竟写成了一首诗。天哪,小雪从来没有想到自己还会写诗!

小雪去向语文老师借书,她知道很多言情小说的主人公都这么做。

语文老师微笑着问:"你要借什么书?"

小雪这才发现自己还没想好借什么书呢。她很窘,忙说她借《唐诗三百首》。

语文老师给了她书,炯炯有神的眼睛凝视着她。小雪觉

得自己被老师看透了,但这并没有妨碍她的执着。小雪回到家,把自己写的那一首诗制作成一个漂亮的书签,夹在书里,把它变成了唐诗第三百零一首。

小雪把书还给了语文老师,然后,开始了焦急的等待。他会看见吗?他看到会怎么想?脸上会是什么表情?明天见到我时一定有故事发生……

可惜第二天并没有发生小雪想象中惊心动魄的故事,老师和平常一样,落落大方。

小雪一连几天无法入眠。最后,她终于鼓起勇气,敲响了老师的房门。

小雪问:"那首诗您看到了吗?"

语文老师说,看到了,写得不错,那个作者很有才气。

小雪不知道说什么好。很多言情小说的男女主人公都是不用语言就彼此心灵相通的,怎么到她这儿就不灵了呢?

小雪实在忍不住了,说:"那首诗就是我写的呀!"

"是吗?"语文老师淡淡地、带着并不吃惊的神情说,"那你以后在这方面可以发展一下,不过别耽误了正常的学习。"

小雪的眼泪几乎要涌出来了。

就这样,小雪开始一本一本地向老师借书,一张一张地制作精美的书签夹在里面还给老师。书签上长长短短地涂满了她的心事。那些心事,或弯曲如山间的小溪,一路唱着叮

爱在青春期

咚的歌；或忧伤如午夜的昙花，只为遥远的星光绽放；或朦胧如清晨的薄雾，载着飘不动的心事；或迷离如秋天的流光，时而了无痕迹，时而浓情蜜意。

忽然间，小雪发现语文老师恋爱了，对象是一个很不起眼的女老师。小雪觉得语文老师在此时恋爱，分明是宣告她的末日已经到来。

小雪对老师万分不满：那个女人有我年轻美貌吗？像我那样才华横溢吗？老师凭什么爱上她？她开始暗暗同女老师较劲。希望破灭的她把所有心思放在学习上，她要做最出色的女人，她要让老师为他自己毫无远见的选择后悔！于是，小雪变成了一个既优秀又高傲的"公主"。高中毕业，她考上了一所重点大学。她终于如愿以偿！

小雪离开小城到了那所大学。她发现世界突然变大了：宽敞明亮的图书馆，知识渊博的教授，波浪状的阶梯教室，国内外专家学者的讲演，周末的音乐会，节假日的群体郊游……小雪发现外面的世界太精彩了！她兴奋地投入到火热的学习生活之中。

大二时，小雪恋爱了。他是中文系的一个男生。他会用英语唱那首《卡萨布兰卡》，令小雪无比陶醉。小雪有时也会想起语文老师，觉得很奇怪，当时自己怎么就那般眼光呢？幸好，他没喜欢上她，如今这一切都成了久远的记忆。

四年的大学生活很快结束了，她留在那个大城市工作。

再后来,她结婚了,丈夫当然不是语文老师,也不是唱《卡萨布兰卡》的那个男生。小雪再次纳闷儿:我怎么会喜欢那个男生呢?他不就是会唱《卡萨布兰卡》吗?

一次同学聚会,大家偶尔聊起语文老师。她从同学口中得知,老师已经离婚。同学们都奇怪:那么优秀的语文老师怎么会看上那位和他不般配的女老师呢?小雪心中"咯噔"一下,以前心中隐隐的妒怨变成了同情,她为自己当初的鲁莽而后悔。

小雪终于明白,每个人的成长都要经历一些荒唐。内心难以平静的小雪决定用她的笔,写出自己年轻时的那段故事,题为《岁月书签》。

(北　宋)

爱在青春期

 15. 我的"被动初恋"

人生在世，回首往事，感叹良多。唯独青春往事，最令人难忘。少男少女时代，极富活力，最易伤感。我的青春期，最为难忘的是那段"被动初恋"。

我升入中学的时候正值"文革"动乱，人性受到摧残。男生女生之间，壁垒森严，我跟女同学几乎毫无接触。只是编排黑板报时，跟本班女生吴燕红说过几句话，记得只谈到世界文学名著什么的。那时候我才十四五岁，对男女之间的事还没什么意识。

就在我上初二不久，学校突然选调一批学生充实厂矿企业，比例是48%。那时候的"政审"非常严格，我落选了。吴燕红则有幸被选调到一家大型国有企业，十分光荣地成为工人阶级的一员。

我们落选者被学校送到一家橡胶厂，参加"学工劳动"。同为中学生，吴燕红进入工厂光荣地成为工人阶级，我却只有"接受再教育"的资格，这就是特殊时代的等级划分。我在橡胶厂硫化车间劳动，汗流浃背，内心非常自卑。

一天，工宣队的杨师傅突然给我们开会，挖苦我们是

"剩余物资",我愈发自卑,认为自己活着毫无价值。我就是从那时开始偷偷写作的,当然只是抒发内心郁闷而已。会后,杨师傅找我谈话,主要内容是要我深挖资产阶级淫秽思想。我一头雾水,只得俯首听教训,心中一片茫然。

几天之后,我在硫化车间劳动,突然来了几个女学生,站在远处低声议论着,并以异样的目光注视着我。当天,我身边的同事便在我背后评头品足,说我资产阶级思想严重,小小年纪就跟吴燕红谈恋爱。我懵了:我怎么会跟吴燕红谈恋爱呢?这真是不可思议。那段时间,我懂得了什么叫度日如年。一位好心的同学跑来,悄悄将底细告诉了我。

原来,吴燕红分配到一家大型国有企业之后,暗自发现对我怀有爱慕之情,于是她隔几天就给我写一封信,但是没有勇气发出,就存放在书包里。有一天,吴燕红写给我的十几封信,被她的女同事发现,交给了领导。为此,"小资产阶级情调"的吴燕红被分配到"白灰窑"做苦力。

听罢这个传奇故事,我惊呆了。我与吴燕红同学两年,她的音容笑貌此时在我内心重又清晰起来,我终于意识到自己心里对吴燕红其实是怀有"爱意"的,只是由于置身于禁欲时代,循规蹈矩的我,没有勇气正视自己的感情罢了。就这样,我内心深处的"初恋"被唤醒了。

然而,我仍然缺乏勇气与吴燕红联系。三个月之后,我也被分配到一家大型国有企业工作,而且距离吴燕红的工作

地点不远。有那么一段时间,我心里企盼着能够在上班路上遇到她。这种心理日趋强烈,但是我不敢去找她,因为我那时是一个自卑并且怯懦的男孩。

两年之后,我在一家商场里看到吴燕红的背影,她好像是在挑选一件衣裳。当时我转身就逃,跑得气喘吁吁。多年之后我问自己:当时你为什么看到她的背影转身就跑呢?我不知道。

可能,这就是我的"被动初恋"吧。后来我在一篇题为《人生的被动》的文章里谈到人生的被动状态。成长于特殊时代的我,在短暂又漫长的青春期,完全可以用"被动"二字来概括当时的情感世界。正是这种被动的情感,令我至今依然回味无穷。

很多年以后,我收到吴燕红的一封来信,信中内容给人以十分随意的感觉。我给她回了一封信,对她百忙之中阅读我的文章表示谢意。

青春往事如烟。无论如何,那次被我称为"被动的初恋",永远是我记忆银行里的一笔黄金。因为,它毕竟代表着青春与纯情,又代表着禁欲时代一个少男的无声呐喊。

(肖克凡)

 16. 错开了青春密码箱

上高中以后，第一学期我就爱上了班里的一个男生。我们爱得很痛苦。起初，这种苦来自外部给我们的压力。因为学校规定，学习期间不能谈恋爱。可那是我们的初恋啊！我们不懂怎样面对火山一样突然爆发的感情，我们也不想表现得那么狂热，可是，我们控制不住自己。结果全校老师都知道了我们的事，所有任课的老师都在课堂上对我俩旁敲侧击，所有同学都在背后议论我们，这使我们彼此的心贴得更紧。

一个风雨之夜，衣服穿得很少的我冷得发抖，他紧紧抱住我，顿时，一股暖流涌遍全身。那一夜，我把自己交给了他。当时我以为自己永远都不会后悔，知道自己在做什么。结果却不是这样。

一天晚上，回到家里，我看到桌上铺着一张报纸，爸爸妈妈正在一张张数着他们一生劳动积存下来的钱。我突然发现他们的脸上、手上有许多我从来没有见过的皱纹。他们看到我，说要积蓄两万元作为我今后上大学的学费。看着他们满脸的憔悴，我心里有说不出的惭愧。父母这样对我，可他

们却不知道我在私下都干了些什么。我感到对不起他们。整个暑假,我都在自责中度过。我觉得自己不是个好女儿,很肮脏,于是,我鄙夷自己,唾弃自己,糟蹋自己,拿我的洗脸毛巾去擦浴室的地板。

我想要重新做人,可我已失去了信心。你知道,一张白纸写脏了可以扔掉,换一张新的;可我的生命不能扔掉,也不能重来啊!

开学以后,他说我们这样下去会影响前途,所以要和我分手。我这才知道,他根本就是一个没有责任感的人。我觉得自己好可怜、好渺小。悲愤、自责、后悔占据了我的脑子,所有的痛苦只能埋在心里。

我终于领悟到,青春的密码是不容随意去破解的,尤其是我们还不具备起码常识的时候。如果我耐得住寂寞,把它珍藏心中,到我具备了揭开它谜底的那一天,再来破解它该多好啊!

很长一段时间,我都陷入沮丧、深深的自责当中。这种心情,终于导致了高考落榜。父母为我攒的那两万元钱,只好用来让我复读高中,准备再考了。然而不幸的是,未等到我再考,爸爸就撒手而去。我不忍心妈妈独自为我上大学操劳,放弃了临近的高考,在县里找到一份工作,开始自食其力了。一个连大学文凭都无缘获得的人,在今天这个竞争激烈的时代,自然就少了许多机会。

花季的云雾

至今，我都在为自己错开了青春的密码箱而支付着沉重的代价。我不知未来的生活还会给我怎样的责罚。

(圆　子)

爱在青春期

 17. 妈妈帮我"谈恋爱"

在妈妈眼里,我一直是个很懂事守规矩的孩子。我自己也没想到会在高一时春情萌动。磊是个帅气的男孩,样子有些酷,有一双独具魅力的眼睛和吸引人的笑容。他很调皮,学习成绩像过山车似的时而攀上顶端,时而跌入低谷。我活泼好动,在班上也是个引人注目的女孩,和磊的接触自然比较多。在我们偶尔对视的刹那,我总会感到一阵莫名的心跳。

我们的故事是从那个周末的晚上开始的。磊请我去迪斯科舞厅,我头一次向妈妈撒了谎,说去同学家补课,妈妈丝毫没有怀疑我。在迪斯科舞厅里,我和磊伴着欢快的音乐节奏跳了起来。当我们跳得正高兴时,我突然感到身后的那个男孩故意蹭了我一下。磊看得很清楚,他一伸手拽过那男孩,毫不示弱地给了他一拳。那男孩也毫不手软地还击了磊。我慌忙拉开磊:"算了算了,我们走吧!"围观的人也把那男孩拉走了。走出迪斯科舞厅,看着磊那红肿的脸,我的眼泪不由得掉下来,心里却是快乐的,因为他是为了我而受伤。我们坐在街边的长椅上聊天,越说越开心,很快忘记了

刚才的不悦。夜深了,寒气逼人,磊脱下了他的外衣披在我肩上。刹那间,心动的感觉如此强烈,一种从未有过的温暖迅速波及我的全身。那天,直到凌晨我才回家。我又一次对妈妈撒了谎,焦急等待的妈妈仍旧毫无疑心。

以后的日子里,我和磊常常在一起。我们俩也说要抓紧时间学习,但还是忍不住去迪斯科舞厅、去公园,快乐的日子像长了翅膀一般飞过。怕被妈妈看见,每次磊送我到离家大约500米的地方就停步,目送我进家门。

然而,细心的妈妈还是很快觉察到了我的秘密。

那一天,磊送我到老地方,我们迎面碰到了早已在那里等候的妈妈。我脑袋里"轰"的一下,呆立住了,脑子一片空白。令我惊讶的是,妈妈看我们的眼神一如既往地平和,她微笑着对磊说:"到我家坐坐吧!"磊慌忙拒绝了。妈妈于是友好地邀请磊第二天到我家吃晚饭。送走磊,我心乱如麻,不知妈妈用的是哪一计,一定是在用心分开我俩。这一夜,我度时如年。

第二天放学回家,妈妈的眼神仍是那样平和温暖。她做了一席好菜热情地款待磊,这使我的心平静了不少。吃过饭,妈妈终于把问题摆上了桌面。她对我们说:"你们长大了,我相信你们能够正确处理好自己的事。我不反对你们交往,但我用经验告诉你们,爱是需要足够的能力去培育的。"说到这里,妈妈停住了,微笑着用她特有的眼神看着我们。

磊出门时,妈妈附在他耳朵边说了些什么。

此后,我和磊仍经常在一起。但我们不再去迪斯科舞厅、公园,而是把更多的时间用在学习上。早晨,我们一起上学,午饭后,不是我帮他补习英语,就是他帮我补习数学。我和磊暗暗地发了誓,一定要考上大学,增强培育爱的能力。怀着这个信念,我们每一天都在努力着,仿佛有使不完的劲。妈妈仍会在晚饭后不时走进我的房间,跟我谈谈心。我一不留心就谈到了磊,妈妈总是静静地听着,偶尔插上一句。我和妈妈的心更加贴近了。

此时,我正坐在高三的教室里埋头苦读,抬起头来看看磊同样用功学习的背影,我心中备感踏实、欣慰,因为我们都在朝着既定的目标奋斗。磊转过头来微笑着对我点点头,他知道我在想什么。

妈妈对磊说的那句话是:"爱是动力,它一定会使你们变得更优秀!"

(赵 静)

花季的云雾

♀♂ 18. 初 恋

认识她,不是偶然,而是注定。

高二分班的时候,我和她在一个文科班。我也不知道自己是怎么选上文科的,是出于对文学的爱好,还是为了她。因为我很久就对她有好感,看她在校刊上的每一篇习作,看她在校园里蝴蝶似的飘舞,慢慢地,我的眼光就离不开她了,脑子里常常出现她,日记里写的是她,做梦也常见到她。

是天意,老师让我们在一起工作,我和她成了班里的宣传委员。就这样,我们有了很多接触的机会。她是个活泼的女孩,爱笑,爱唱歌,画画也很好,这使我更加增添了对她的爱慕。每当学校要出板报,我们就会在一起商量,然后是她画,画好后我去填字。我们配合得很好,完成了学校和班里的任务。久而久之,两人就有了一定的感情。

我很高兴能认识她并和她交往。每天上课的时候,我们都会传字条聊天,她写小诗给我,我回给她。开始时,我们都说好是在纸上恋爱,可是,控制不住的是我们那两颗年轻跳动的心。在校内校外,我们的交往慢慢多了起来。

爱在青春期

我们晚上一起到江边的大石头上坐着,享受晚风的吹拂,听江水流动的声音,喜欢那样的感觉,两个人靠着,听彼此的心在跳。记得那时的我很沉默,有时她一个人在那儿说她的故事,我只是静静地听,生怕说错话使她离开我。

我们认识久了以后,我觉得她太开放,和谁都聊得来,经常和别的男生一起说说笑笑,有时还很亲昵,根本无视我的存在。我越来越不能忍受她不把我放在眼里的那种姿态,内心醋意大作。她来男生宿舍,多半不是找我,而是找别人。

终于,我狠下心来和她分手,可是我不懂怎样和她说。

忽然有一天,她告诉我,我们不能在一起了,散了吧。我没说什么,只是静静地听着。因为我根本不想反抗。那一天,我逃课了,独自来到我和她常坐的江边石头上,没有感觉……

分手后,见面很尴尬。为了不见面,班里的墙报,总是她画完后走了,我才上去把字填上。以后的工作也很少了,不久,我辞去了班干部的职务,之后就是她一个人出板报了。

她来了,带来的是两个人的快乐。

她走了,留下的是一个人的悲苦。

现在,她还是像以前那样,活泼,开朗,而我,变得比以前更沉默了。我们的那段交往,只是她青春期的一段小插

花季的云雾

曲,对我来说,却如晴天的一场暴风雨,毕竟那是我的初恋。她是我的第一个,而我却是她的第四个……

我很沮丧,很后悔,觉得自己很傻。

我还会遇到第二个吗?我小心翼翼地期盼着、等待着。

(文 风)

 19. 那种感觉说不清

第一次对一个男生有好感是在初二。

那年代正风行琼瑶小说。当时班上几乎每一个女生都对琼瑶小说着了迷,许多女生情不自禁地在上课时,用教科书遮掩着偷偷地读琼瑶小说。读到伤心处,眼泪往下流,可又得顾忌着老师,所以只好小心翼翼地忍着。等到下课铃响,女生们围在一起,七嘴八舌地谈论开来。说着说着,便会从书里说到现实,对班里的男生们品头论足一番,到后来干脆把全校知道名字的男生都排了号。

那时,我们对男生的衡量标准无非两点:外貌和学习成绩。当时我们女生公认为最出色、最优秀的一位,便是邻班的班长。我们列出了他的一大堆优点,比如他长得有几分像黎明;他的功课每次都能排上年级前五名;他待人谦和,做事稳重;他的笑容富有感染力;他和蔼、亲切,好像邻家的大哥;他在篮球场上的风采让我们着迷;等等。

没想到这种课间议论中的排行榜居然打动了我的心,我开始常常想到他。为了能有机会接近他,我改变了回家的路线,特意绕道走很长一段弯路,只为了能与他同行。然而每次好不容易等到他了,不是他身边围着一帮人,就是他一个

人骑着自行车,风一般地从我身边飞过,留下一个越来越远的背影。

我是个不太喜欢多说话的女孩,但内心却充满了幻想。尤其是读了那么多悲欢离合的故事以后,内心深处的那片空白,在不知不觉中涂抹了绚丽的色彩,如此美丽,如此微妙。在朦朦胧胧的冲动中,我幻想着自己要谈一场惊天动地的恋爱。

终于有一天,我鼓起勇气悄悄寄了张贺卡给他。上面抄了一首诗,还特意夹了一片香山红叶。这片红叶是我上初一时去香山游玩时带回来的。它是我所有收藏中最珍爱的物件。我犹豫了很久,终于还是没有勇气在贺卡上写下自己的名字。而这一胆怯,却在后来发生的事情中,为我省去了很多麻烦。

几天后,当我还在忐忑不安地兴奋时,"贺卡事件"爆发了。他竟然当着众人的面把那张贺卡交给了老师。

平静的校园里顿时一阵哗然。各班班主任在紧急碰头会后,各自在班上发表了极其严肃的讲话,并一再说明事态的严重性和危害性,希望当事人能及早回头。同学也是议论纷纷,有人表示应该加以制止,防患于未然;有人认为何必大惊小怪,仅一张卡片而已。

事情闹得满城风雨,这是我不曾想到、也不愿看到的。我怎么也想不通他为什么会选择这样的处理方式,他原本可以扔掉、撕掉的。

幸好，贺卡之事在接下去的复习迎考的紧张气氛中不了了之。我在一个没有月光的晚上，痛痛快快地大哭了一场后，终于打消了一切杂念，全身心地投入到考试中。

终于放假了。漫长的两个月里，有很多让人高兴的事情，先前不快的阴影渐渐地淡了。

谁也没有想到，升入高中后我和他被分在了同一个班级。如果是以前，我一定会开心地跳起来。但现在我已经长大了，我的心变得平静而辽阔了。与他面对，我很坦然。除了偶尔也会有小小的争论，大部分时间我们都相处得很好。一起讨论功课，一起谈谈昨天的那场篮球赛，有时放学了他也会骑着自行车捎我一段，我也会很乐意地把新买的书或录音带借给他。

有一次，我无意间看到了他夹在书里的书签正是我送给他的那片红叶。他说那是以前有个女孩送给他的，他很喜欢，所以一直留着。他说话的时候，眼里闪过一丝愧意。

"其实当初我只是太慌张、太犹豫了，不知如何是好，所以……"

"其实在每一个人的成长历程中，都会有许多说不清道不明的感受，但时间会消弭一切。"我打断了他的话，伸过手轻轻地替他合上了书。

（安　平）

 20. 球场的暗恋

那些日子里,《灌篮高手》在我们高中风靡,少男少女的嘴里全都念叨着樱木、流川枫的名字。我的心中当然也有自己的"灌篮高手"。

我喜欢他很久了,可是不敢有什么表示。他是学校篮球队的好手,我只能公开地喜欢篮球。有时我会一个人跑去图书馆看那些枯燥的篮球规则,研究我怎么也弄不懂的篮球战术。每天放学时我总是若无其事地整理着书包,心里却盼望着他大叫一声:"打篮球去吧!"那样我就可以毫不脸红地看着他,喊着他的名字为他加油。不过多数时候是失望。高三了,学习成为头等大事。

然而,篮球成了我在枯燥的学习生活中的一个寄托。我那时是老师心目中的好学生,学习成绩也很让人羡慕,而他只是爱打篮球的帅气小伙,成绩平平,还经常因为打球误课而挨老师批评。谁也不曾想到我居然对他动情。

我不敢去和他说话,甚至远远地见了也要避开。我只是越发地喜欢篮球,哪怕没有他的比赛也会去看。雨天里,夕阳中,篮球仿佛就代表着男孩。

这份喜欢成了望不见尽头的隧道，在我心中罩上了黑影。

我终于忍不住给他写了一封信，悄悄地交给了他。直到现在我还感谢他当时的礼貌与泰然。他没有声张，只是托人捎来话说："我知道你的目标是进重点大学，而我的目标只是打好篮球。我们有各自的路要走。"

第二天一早，我捧着书在教室门前转悠，其实我在等他出现。他快要从我身边走过时，我听见自己有些飘忽的声音："嗨，你早！"我连眼睛都没抬，转身就走，后面传来他愉快的回音："嗨，你早！"那一瞬间我如释重负，仿佛迈过了一道坎。"加油啊！"我暗暗地对自己说。

那年夏天，我考取了北方的一所重点大学，他带着他的篮球也进了本省的一所体育大学，以后我们就再也没有联系过。

我在大学放假回家时，还常常回到母校去看看。篮球场上依然有一些帅气的男孩，这时我也会想起他，但记忆已经浅淡了许多。

（于　安）

♀♂ 21. 心中的天使

第一次开始注意小薇，是在那个秋雨绵绵的下午。

已经上课了，随着一声脆生生的"报告"，小薇披着一身雨雾飘了进来。紫衣被雨水浸润得愈加素淡，黑发上铺了一层晶莹的水珠，唇边挂着一抹羞涩的浅笑。小薇，真有点像一株雨中摇曳的紫丁香呢。

直到她经过我身旁时，不屑地瞥了我一眼，我才醒悟过来：怎么盯着人家看了这么长时间呢？我不由得脸上一热，连忙低下头去佯装看书。

下课后，听见后边小薇的同桌怪她："怎么不穿雨衣呢？瞧你，都快成落汤鸡了。""我喜欢淋雨嘛。一个人走在雨中，让雨点在你身上跳跃，听任雨声和你说话，那种感觉，真是妙不可言。"小薇的声音柔柔的，好一个与众不同的女孩！

说来也怪，和小薇同班这么久了，虽没交谈过，但平时也是抬头不见低头见的，以前怎么从没注意过她？从那以后，我不禁对小薇暗暗留心，渐渐发现她的确是一个很特别的女孩。

小薇平时文文静静,但每到参加班里的活动,她却积极地忙前忙后;和别人谈话也是大大方方,一点不忸怩;她笑起来,两眼弯成月牙儿,声音就像风中晃动的一串银铃。下课后她不像别的女孩那样聚在一起叽叽喳喳说长论短,却捧一本书坐在角落里静静地读,或者一个人站在窗前凝望远方。每当这个时候,她看上去总有那么一种神秘的味道。我觉得小薇很难让人读懂,这更加引起我的好奇心,我经常默默地观察她。

于是,渐渐地我发现自己变了。以前不爱看书的我开始拼命地看书,以便下课后能在男孩的高谈阔论中独领风骚——只为引起小薇的注意;从来不做课前预习的我也努力做课前准备,以防老师提问时张口结舌——只因怕小薇瞧不起我。我不再踢足球踢碎窗玻璃,不再在教室里张牙舞爪地笑,不再大大咧咧,不再冒冒失失……

平时一起玩的朋友对我说:"最近你怎么怪怪的啊?"我这才突然意识到自己的变化,发现有一股力量在支配着我。

那天晚上,我在灯下坐了很久,想我的心事。我忍不住给小薇写了一封长长的信,告诉她我身上悄悄发生的故事,告诉她我一直想做也一直在做着的事就是想引起她的注意。最后我写道:"小薇,你知道吗?你明澈的眼波里映着我的关怀,你微笑的面容是我心中的天使。"

第二天到学校,我却没有勇气把信给小薇。信装在口袋

花季的云雾

里一整天,已经被我的手摸皱了。黄昏时分,我在楼梯上碰到了小薇,没有别的人,她轻轻哼着歌走上来。我把手伸进口袋里,放慢脚步。但是,当我看到夕阳映照下小薇脸上恬静单纯的微笑时,我犹豫了,我终于没有伸出手。我们擦肩而过——我害怕自己会破坏了这份朦胧的美丽。

站在血色黄昏里,我掏出被汗水浸渍的信,我将曾寄托了我种种美好幻想的信,一下一下,慢慢地撕成碎片。

我一扬手,任这群白色的蝴蝶在晚风中纷纷扬扬。回家路上,迎着黄昏的风,看着身边掠过的陌生人群,我忽然有一种想流泪的酸楚。

以后我仍然默默关注小薇的一举一动,留意她每一个不经意地目光,但我把一切都压在心底。足球场上那个叱咤风云的少年不见了,我变得沉默,我发奋读书。朋友们都说:"你这家伙,是下定决心要考大学了。"我听了只是淡然一笑。有谁知道,只有在没有一点空闲的状态,我才能忘却自己的伤感啊。

七月渐渐来临。经过轰轰烈烈的考试,昔日喧闹的校园变得寂寞起来。我最后一次来到学校,偌大的校园显得空荡荡的,只有几个小孩互相追逐的笑闹声在耳边回响。

远远地,我看见一个熟悉的身影。小薇一个人站在教学楼前面,旁边有几个小女孩快乐地跳着橡皮筋。我静静地伫立在树下,凝望着她,心里像升起了一团云雾,各种曾经的

感觉一齐涌上心头。

我呆呆地站了一会儿,转身离开了学校,没有回头。

我没有告诉小薇曾经悄然发生的一切。对我来说,那已不再有什么意义,明天我们就要各奔东西了。重要的是,我保留了一份绝美的记忆,一个朦胧的梦。

(惊 鸿)

情系两代

22. 又是槐花飘雪时

五月,槐花如雪,阵阵幽香,甜得让人心醉。细碎的槐花随风起舞,飘忽不定;风儿吹过,纷纷扬扬,落下遍地槐花……每逢此时,我心中总会有些感触,尽管我早已过了伤春悲秋的年龄。想不清,那飘落的槐雪代表的是什么,直到有一天我才明白——那如雪花般纷纷飘落的槐花,不正是我少女时代的梦吗!

树下斑驳的石凳30年前还很新。30年前,我只有14岁,喜欢在槐花盛开的时候穿一身淡紫,然后安安静静地坐在这里。那时我一直以为,淡淡的紫色很神秘也很出众,而且紫色的衣服和雪白的槐花很相称。我是在等一个人——胡同里的美华,那是我长到14岁,第一个让我动心的男孩。他高大英俊,动作矫健,至少当年我是这样评价他的。

并不是每次从家里偷偷溜出来都能看到他,等得心烦时我会在胡同里慢慢溜达。那时候,最渴望的场景是:我正好走到他的门前,他家那扇黑色的木门"吱扭"一声打开,我可以近距离地看清他灿烂的脸。如今我已不记得自始至终和他说过几句话,不过肯定是说过话。在我的记忆里,只要能够看见他，我会高高兴兴地过上好几天；若是和他说上一句话，我会一个星期都兴奋不已。

槐花盛开的时候，美华喜欢上树摘花，扔下来给树下所有的孩子。可我一直认为，他是为了我才摘花的，他丢给我的那串才是最好的。吮吸花心，咀嚼花瓣，我确信是因为有了美华，槐花才有了清香与甜美。

传言美华的家要搬走，那几天我的眼睛一直哭得又红又肿，害怕从此不能相见……用"魂牵梦萦"形容那时的我或许有些过分，但我确实已被他迷得看不见别的男生了……

花开花落，转眼30年过去了。女儿长到14岁，现在是她在做少女梦了。一张小小的纸条惹得她心神不宁。藏藏掖掖、吞吞吐吐，她到底还是把心事告诉了我——一位小酷哥让她寝食难安。

沐浴在花香里，我和女儿坐在斑驳的石凳上，头上是一团团一簇簇盛开的槐花，身边是一片片一堆堆飘落的槐花雪。我给女儿讲起当年的故事。"中学毕业以后我们各奔东西……"就在此时，离我们不远处，那多年前我曾经盼望打开的黑色木门"吱扭"一声打开了，走出来的正是已届中年的美华，女儿近距离看清了当年我迷恋的他。

"哇！老妈，不会吧，您怎么就这眼光呀！"是啊，变化太大了，他当年的英气荡然无存，今天的他更像鲁迅笔下中年的闰土。生活发生了什么我不知道，但我真的庆幸，自己不曾对他表白过什么。

摘下女儿发丝上的槐花,我轻轻地问她:"很想拥有一份爱情,是吗?"女儿点点头,再点点头,眼睛里却有一丝茫然。我接着说:"少女的情感体验确实非常美好,但幻想的成分太多,理智的选择太少,一旦操之过急,受伤害的往往是自己。校园里爱情是有的,但那最多是一粒种子,是种子就要等待阳光和雨露。一切,让它顺其自然吧……"

五月的槐花永远那么美那么香,又是槐花飘雪时,我想对女儿也对和她同龄的孩子们说——

爱情是有的,她属于明天。你想拥有她吗?那就请珍惜今天。

(若　梅)

情系两代

♀♂ 23. 儿子偷看裸体画

儿子12岁了,不知什么时候,他有了些许变化。比如写作业喜欢把门反锁上;看电视时,银幕上出现接吻、拥抱的镜头,如果我们在场,他会把头转向一边,我们不在时,他却看得很上心。于是我们开始注意这个小家伙了。

今年春节前的一个晚上,他独自在书房学习。妻进去取字典,见儿子赶紧将一本《读者》合了起来,脸上一副慌张的神情。妻回到客厅,把见到的情况对我说了,末了丢下一句:"管教儿子,你做父亲的可责无旁贷呀!"我肯定了妻的"冷处理",又叮嘱她千万别太神经过敏。

联想到近来儿子的一些细微变化,我猜到他是在"欣赏"《读者》杂志里的人体画插图,具体说是两幅女性形体画插图。这两幅插图我也看过。孩子慢慢长大了,开始产生"性"趣了,但我没想到这变化来得这么快,该怎么对待呢?我也有些茫然。

第二天晚上,我轻轻敲开书房的门,一边帮儿子整理书桌,一边想着如何切入话题。见几本《读者》放在书桌上,我随手拿起来翻看,问儿子一些学习上的问题,他的回答还

让我满意。我又问《读者》杂志怎么样。他说最喜欢《少年科学画报》，《读者》上的文章太深奥，但喜欢里面的漫画、封面和封底的歌曲。我翻到中间的裸体画，问他这怎么样？他扫了一眼，脸有点红，低下头说看不太懂。我便问："画家为什么画不穿衣服的人？赤裸的人体美吗？"孩子抬起头看着我却答不出。

我打开书柜，将自己以前学画时买来的《人体素描》《人体油画集》拿出来翻给他看，告诉他人是万物之灵，不仅人的思想和才智是万物之首，人体也是动物中最美的。我们可以拿人体与任何一种动物躯体进行比较，无论哪种动物躯体从形态到比例都不及人体美。比如男性发达的肌肉，倒三角的体形，有力的四肢。又如女性人体柔美的曲线，正三角形的体形，丰满的乳房。人体的这些特征是经历了几万年进化的结果，作者画这些是对生命力和美的歌颂。

我注意到，孩子听得挺认真，脸上的红晕渐渐退去，羞涩也不见了，似乎听懂了我的话。我拿出几幅极具动态美的裸画，把这些画册推到他面前说："你自己慢慢看，有空和爸妈交流一下体会好吗？"儿子高兴地点点头。

当天，他在日记里这样写道："我今天学到了许多关于绘画的知识和欣赏美术作品的方法，没想到艺术和科学关系这样密切，绘画艺术原来是这样崇高、美好。我应该认真上好美术课。"

以后几天,我又和他谈了一些人体绘画的基础理论,如头像的"三停五眼",人体画的"立七、坐五、盘三半"等。儿子居然要求临摹一幅头像,我高兴极了,赶紧帮他找纸找笔。他能否画成倒是小事,他能从注意人体画到欣赏人体艺术美进而要学着表现美了,这是多么可喜的进步啊!

儿童心理学告诉我们:孩子天生就有一颗好奇心,一切未知的领域都会成为他们探索的目标,关注人体也是无可非议的正常探索心理。受传统观念影响,有些父母一旦发现半大孩子有关注异性的行为,便采取不是训斥、挖苦,就是回避的办法。训斥、挖苦只能伤害孩子的自尊,毫无益处;回避就是放弃教育引导的机会。孩子太小难以辨别是非,放任自流对他们的成长是有害的。父母如果正面引导,用美去抢占孩子的精神阵地,不健康的心理也就退避三舍了。

(刘世军)

爱在青春期

24. 给初潮的女儿写贺信

这是一个真实的故事。晚上,妻子悄悄地对丈夫说:"咱们闺女这回可要长大了!""怎么回事?""她第一回来了月经。"孩子的父亲敏锐地感到这是教育孩子的良好契机。于是他和妻子商量了具体对策:除了由妈妈直接进行指导外,这位当爸爸的也以恰当的方式尽为父之责。他给女儿写了一封信。

女儿:

爸爸祝贺你告别童年!

女孩子来月经是一件令人幸福的事。因为这意味着你长成了一个大姑娘,你将拥有美好的人生和未来,你的仪表、语言、心灵将更加完美。当你一天天成熟起来的时候,你会更懂事,更有勇气面对生活道路上可能出现的困难。当然,你也会更懂得怎样刻苦读书,才能赢得更宝贵的人生。

爸爸满怀希望地注视着你一天天长大成人,成为有理想、有知识、有出息的孩子。我相信,女儿将来一定会胜过爸爸妈妈的。爸爸祝福你!

也许，你会有更多的心里话，那就说给妈妈，或说给爸爸听吧。

疼爱你的爸爸

这位父亲还给女儿买了两本新近出版的青少年读物，让她从中了解关于如何对待月经初潮以及青春期发育过程中的各种变化。

女儿见到爸爸给她的信后，也给爸爸回了一封信。信中的头一句话就是："我感谢您和妈妈对我的关爱！"这个女孩是幸运的。

俗话说"女大十八变"。女孩月经来潮是其中最重要的变化。据我国权威部门的一项大型调查显示，女孩初潮的平均年龄为13岁。少女初潮不仅是一种正常的生理现象，而且是一件具有特殊意义的大事，因为它是少女身心发育逐渐成熟的标志。可以这样说，有了月经，才使少女成为一名真正的女性，并具有了做母亲的能力。从这个意义上讲，有人称少女的初潮是女性生命史上的里程碑。

然而，在我们的现实生活中，由于传统文化的影响，很多家长跟孩子不谈有关"性"的事，因而不少女孩在初潮时没能从父母那里得到有益的帮助和必要的科学指导，因此不

少女性被心中留下的阴影笼罩了一生。

因此，在少女初潮时，家长向她表示祝贺，父母给予指导，是十分必要的。

(马志国)

情系两代

 25. 开在教室里的红玫瑰

当我迈进教室的瞬间,我被惊呆了。

玫瑰,红色的玫瑰在学生的课桌上绽放着笑靥。我这才猛然想起,今天是情人节。

情人节,这一西方人的节日,不知何时,也成了中国人的时尚,更想不到,竟也成了中学生的节日。

红色的玫瑰花,将一丝诧异投进我的心头。而我这瞬间的反应也丝毫没有躲过孩子们的眼睛,教室里有了些许骚动。有的互递眼色,有的窃窃私语,有的左顾右盼,也有的惶恐不安。看来,这是他们给我这班主任准备的一份情人节"礼物"啊!好吧,我还是坦然地面对这"精心"准备的礼物吧。

"哦,你们用这么美丽的玫瑰花来装点这节语文课,我真有点受宠若惊了。"我笑呵呵地说。也许是我的话出乎他们的意料,也许是我的幽默让他们不知所措,教室里出现了瞬时的安静。我信步走下讲台,顺手从一个学生的课桌上拿起一枝玫瑰:"好漂亮的红玫瑰呀!"我一边欣赏着手中的玫瑰,一边赞叹着。

此时,我感觉到学生向我投来异样的目光,我的目光从手中的玫瑰移向学生,缓缓地对他们说:"你们在一个非常的日子,选择了具有特定意义的玫瑰,置于一个特殊的场合,给我出了一个即兴的话题。是不是啊?"学生们被我这一口气说出的话逗乐了,教室里的气氛也一下子轻松起来。

"那我先问问你们,是否听说过有关红玫瑰的传说?"只见学生们个个摇头。我接着说:"其实,看过《希腊的神话与传说》的同学应该记得,在古希腊,一位爱与美的女神阿芙罗狄蒂爱上了美少年阿多尼斯神。有一天,阿多尼斯出外打猎被野猪咬伤,阿芙罗狄蒂闻讯后,急忙赶来。当她奔向奄奄一息的阿多尼斯时,却在匆忙中不小心一脚踩在白玫瑰上,带刺的白玫瑰把女神的脚刺伤了,殷红的鲜血滴落在泥土上。"后来,在女神鲜血滴落的地方,长出了一丛丛鲜红欲滴的美丽的红玫瑰。

"源于这个古老的神话传说,后来的西方人开始用红色的玫瑰来象征爱情。当然,那是西方的神话演绎的关于红玫瑰的故事。在我们中国的传统中,不是以玫瑰象征爱情,而是以红梅、凤仙、红莲、红牡丹等象征爱情。用红色的玫瑰来表达爱情,在中国是近代的事,这也是西方文化影响的结果。"我停了一下,看到同学们听得全神贯注,何不将有关的文化传递给他们呢?

"大家都知道,今天是西方人的情人节,但你们知道这

个节日的来历吗？相传这个节日源自于英国。一个名叫瓦伦泰因的年轻基督徒，因为反抗罗马统治者的专制而遭到逮捕。狱中，他和监狱长的女儿发生了恋情。随着刑期的临近，和自己心爱的姑娘诀别的日子也迫近了。就在2月14日临刑之前，他给自己的心上人写了一封情书，述说了自己的情怀，之后便昂首走向刑场。从此，基督教徒们为纪念这位为了自由而献出生命的年轻人，就把2月14日这一天定为情人节。还有，你们知道我们中国的情人节是哪一天？我们中国是将传统的七月初七作为情人节的。我想，我们在接受西方文化的时候，也不应该忘记自己民族的传统文化，你们说对吗？"在孩子们的眼神里，我看到了他们的心悦诚服。我顺手把那支玫瑰放回课桌，并意味深长地说了句："玫瑰花很美，不过，玫瑰的枝条上有刺，拿的时候要小心喔！"话音刚落，学生们都会意地笑了。

"好，这堂语文课的作业就改成写一篇短文，以玫瑰为话题，文体不限，怎么样？"我又还给学生们一份意外的"礼物"。

下午的自习课，我像往常一样去教室巡视，发现讲台上有一束红色的玫瑰，下面压着一张纸条。展开纸条，见上面写着：

曾老师：

您是一位不同寻常的老师。我们原以为会降临的暴风雨

没有出现。

如果说以前我们还远远地观察着您,提防着您,那么今天我们却主动向您走来。您富有诗意的短短几句话,您讲述的关于玫瑰的神话传说,还有您蕴含深意的友善告诫,让我们感受到了您的宽厚,您的智慧,您的胸怀。

这束玫瑰花送给您,祝您永远年轻美丽。

您的学生

我将这束红色的玫瑰轻轻地捧起,幸福随着淡淡的花香渗入我的心间,快乐伴着花朵灿烂的笑容萦绕着我的胸怀,在幸福和快乐簇拥下,我的心向孩子们的心贴近着。

孩子们的祝福是美好的,为什么我们不能以美好的希望来回报孩子们呢?

(曾宏燕)

情系两代

♀♂ 26. 我家有男初长成

就像种子悄然破土而出，又像柳树在不经意间绽放嫩芽，转瞬之间，那个活泼好动、单纯的儿子突然在我面前消失了。刚上初二，儿子的个子就猛蹿，在家里的话语越来越少，一回家就把自己关在小屋里，有时，还莫名其妙地发脾气。

就在这段时间里，善于察言观色的妻子发现儿子常给一个女同学打电话，讲话时语气特兴奋，脸上泛红光，声音也变得特别柔和；有时，打完电话还会怔怔地在那儿站一会儿。妻子提醒我说："有情况了，你这当爸的该关心一下儿子了吧。"

难道儿子长大就意味着亲密无间关系的结束？我们需要向儿子说什么？自尊而又敏感的孩子，我该如何向你谈异性交往这样一个严肃的话题？我想了很久。

妻子说用火力侦察，我考虑再三觉得不可取。主要是情况不明，这火力该有多大？如果太猛，会不会搞得家里硝烟四起？如果不温不火，又会不会隔靴搔痒，不起作用？我一直在犹豫不决。

机会终于来了。一天晚上，睡到半夜，我突然听到洗手间里有自来水流淌的声音，难道是水龙头没有关好？我蹑手蹑脚走过去，看见儿子正在洗他的内裤。咦？儿子什么时候变得这样勤快？但我立刻明白了是怎么一回事。儿子见了我十分尴尬，低着头，脸通红，像犯了大错误。一时间我非常自责，由于我没有尽到做父亲的责任，使孩子因为正常的生理发育而背上了不必要的精神负担。

我接过孩子的内裤，三下两下帮他洗完后，一同来到他的房间。告诉他"遗精"是怎么回事，祝贺他已经成长为一个真正的男子汉了。我告诉他，要像爱护生命那样爱护自己的生殖器官，因为它今后将担负着生育后代的任务。要经常清洗外生殖器，保持清洁，不要穿太紧的牛仔裤，使生殖器官有成长休息的空间。看得出，孩子心理的紧张有所缓解，但又似乎还有话要说。我鼓励他说出来，并说爸爸像他这么大的时候，也是心里有好多解不开的"结"，很希望得到父母的帮助。在我亲切友好的再三启发之下，他说出了令自己烦恼的问题。

他说，不知为什么，进入初二以后，脑子就变得复杂了，老想男女之间的事，总希望有一天，自己也像电视剧里那样，挽着一个美丽的女孩去散步，迎来街上无数人羡慕的目光。他晚上还常做和女孩在一起的梦，梦中和女孩拥抱接吻，常伴有遗精。

最令他心动的,是班上一个叫云的女孩,她人也像名字那样轻盈飘逸,大大的眼睛黑黑的,乌亮的头发能照出人影。她一笑,左脸上就出现一个深深的酒窝。每次看见她,尤其是那双眼睛,他就会心里怦怦跳。有时故意找问题去问她,有意和她接近。那女孩对人大方友好,心里非常坦然,每次给他讲题都不厌其烦,这更令儿子心旌摇荡。就是在家里做作业时,忍不住也要以请教问题为名给她打电话。只要一听见她甜甜的声音,心里就充满快乐,做起作业来也特别畅快。最近一段时间,他就是在这样一种心神不定中度过的。他觉得自己变坏了,他恨自己,不明白为何无法控制心里的欲望。

我告诉儿子:"不是你变坏了,而是你长大了;你正在从一个不谙世事的小男孩向一个男子汉过渡,产生对女孩特殊的感情完全可以理解。那位女孩也的确可爱,你们之间的友谊是非常宝贵的,你一定要珍惜。喜欢、倾慕女孩是一种非常美好的感情,像蓝天般纯洁,像白雪般晶莹,没有必要压抑自己,也不要有负罪感。但是,友情是双向的,要同样赢得别人的喜欢好感就不是那么容易了,需要自己努力地积蓄智慧和知识,只有内心非常充实,才会使接近你的人产生好感。"

"那我能不能和她加深关系呢?当然不是像谈恋爱那样的关系。"

"完全可以,但要以她能接受的方式。如果有过分的举动,可能会引起她的反感。有时候,距离和含蓄本身就是一种美,而随心所欲和放纵是会破坏美的。"

自从那次谈话以后,我发现儿子内心的确平静了许多,也成熟了许多。他说他要做一个真正的男子汉。在他14岁生日时,我们让他在家里举行了一个生日聚会,我和他妈回避了,让他和他的那帮好朋友痛痛快快在家里自由了一通,那位女孩,当然也作为主角在被邀请之列。从此,他的朋友多了,生活也非常愉快,他对那位女孩的注意力却渐渐分散了。

当孩子的情感依恋指向某一个异性时,往往是孩子的交往不够广泛造成的。做父母的这时千万不要紧张,更不要粗暴干涉,而是理解疏导,使他们的情感对象由单一过渡到多元,培育他们豁达宽广的心胸,接纳更多的异性同学。这样孩子就可以避免钻牛角尖,过早陷入一对一的交往。只要引导得当,孩子会顺利度过一段异性眷恋期的。

(景 秋)

情系两代

27. 妈听儿子讲"初恋"

尽管儿子已经上了高中,长到了一米八的高个头,在有些科学知识方面甚至超过我,但我却从来没想到可以和他平等认真地谈谈爱情。然而,没想到的事情却偏偏发生了。

一天晚上,丈夫到外地开会不在家,我为儿子做了他最喜欢的菜,两人一边吃饭一边聊着。忽然,儿子对我说:"妈妈,爸爸不在家,我们讲点有趣的事情,谈谈爱情好吗?"我张开的嘴好久合不上来。不到16岁的儿子要给妈妈讲讲爱情!突然间,我仿佛不认识儿子了,大大的问号写在心里,脸上的表情也很不自在。

看看儿子,他却显得大方坦然。他告诉我,他们班里有同学谈恋爱了。我合上的嘴又张开了:上高中才几个星期啊,就开始谈恋爱?现在的孩子怎么啦?对儿子的担心油然而生。

我刚要对他说你可不能做这样的事情,儿子立即明白了我的意思,他把手一挥:"妈妈,这方面你不用教育我,我的初恋在小学就结束了,我不会再恋爱了。"我的嘴再一次合不上,这是我刚上高中的16岁儿子吗?在小学就开始了

爱在青春期

初恋？这是我想都不敢想的事。我一下子觉得儿子长大了，不再是那个一脸天真幼稚的孩童。可毕竟他才16岁啊！

但为了了解他的内心世界，我还是鼓起勇气请他讲讲他的初恋。

他说："小学我们班那个女生，可真漂亮，真聪明，我真的喜欢她啊！有段时间，我几乎每天都想着她。她是我到目前为止遇到的最好看、最清纯的女孩。可惜，后来她跟她妈妈出国了。她虽然离开了我，但她那可爱的样子，一生气就微微翘起的小嘴，还有我们在一起的惬意时光，像一幅幅图画留在我的记忆里。你以为什么叫初恋，初恋并不是恋爱，并不是两个人一定要表白，也不一定要让对方知道。初恋只是一种感觉，只要你有那个美好的感觉就行了，我的初恋已经完成了。"这家伙摇头晃脑，一副"曾经沧海难为水"的过来人样子。

我有些感动了，竟然心里也在暗暗描摹那女孩的形象。但作为母亲，我更关心儿子会不会因为再次拥有这样的情感而影响学习。我避开了这个其实很美好的话题，说出自己对爱情的理解，它在生活中的位置，应该在什么时候谈恋爱，谈恋爱要具备什么资格，等等。

儿子微笑着但心不在焉地听着，我知道他其实根本没在听我讲什么，他已经沉浸在对他"初恋"的美好回忆中了。我终于相信，性意识的觉醒很早，在儿童时期就有了，只是

情系两代

我们做父母的太忽视了。我忽然觉得作为母亲，我真的很失职，我从没有走进过儿子的心扉。幸好，有了这个晚上，让我知道他的内心曾经有过一段美好情感。

我和儿子虽然生活在同一屋檐下，其实，我对他的了解是很少的，我并没有解读过儿子的青春密码，也不曾注意过儿子的"初恋"情结。但儿子却在这样一个特殊的场合，向我敞开了他的心扉。他把我当作朋友，将他内心最隐秘的一页展示给我看，但我却还在以"教育者"自居。我在儿子面前第一次感到惭愧。

我在心里默默地对儿子说："儿子，你今天给我当了一回老师，教我今后该怎样做你的母亲！妈妈感谢你。"

（王　毅）

爱在青春期

28. 我家发生过绝密事件

  我的女儿秀秀自小聪明好学,人也长得漂亮,深得我们夫妻俩的喜爱。因为她爸爸在城市工作,我和秀秀也迁来这座城市。但是,意外的事在她高二时发生了。

  那年4月的一段时间,我发现秀秀总像没睡好觉似的提不起精神,好几天晚上不到10点就趴在写字台上睡着了。我以为这是春乏易困的自然现象,就没多想。但一天早晨,秀秀的剧烈呕吐引起了我的注意。经过反复询问,知道她已有两个月没来月经了,我带着满心怀疑领着她去医院检查,检查结果如炸雷般把我震慑了:她怀孕了!

  回到家里,秀秀"扑通"一声跪在地上,满脸泪痕,等待着我的惩罚。她后悔了,她知错了,她自责了,悔恨与自责比任何一种外界的惩罚都严酷。此刻,我的任何说教都是多余的,我不由得把浑身颤抖的女儿搂在了怀里。

  那晚我一夜没睡。经过反反复复的思考分析后认为,秀秀怀孕不会是被人强奸,也不会是被人诱奸,最大的可能是和男同学"早恋",偷食了禁果所致。那个男同学是谁?我一定要找到并好好教训他,要他对此事负责,还要让他的父

母出钱赔偿我女儿的损失。但我转念又想,女儿与那男同学是两相情愿,各有其责,不能光怨人家。再说,让他负什么责?他一个十六七岁的孩子有什么能力负责?让他现在与我女儿结婚?还是要他保证将来一定娶我女儿?如果他们将来的感情变了,或我女儿不愿嫁给他咋办?让他父母拿点钱也许可行,但如果那家人不讲理,拒不承认其儿子所为,或把这件事张扬出去,或将来以此为筹码要挟我女儿,问题岂不更严重?权衡再三,我觉得最明智的办法是自己解决。眼下最要紧的是尽快做人工流产,把这件事的影响控制在最小范围,把对女儿的损害降到最低限度。第二天,我给秀秀的老师打了电话,称秀秀患急性阑尾炎做了手术,需请假休息一段时间。放下电话,我带着秀秀去了医院,用我的名字登记,为她做了人工流产。

女儿肚子里的东西拿掉了,心里的东西能否拿掉?我不知下一步该怎么办。在妇联工作的朋友给我介绍了上海的一位专家,我在电话里向她咨询了一个多小时,知道该怎样做了。我请假在家,以从未有过的细心和周到伺候了秀秀20天。这期间,我从不提及她"早恋"和怀孕的事,不问男方是谁,也没批评她,只把她当作一个生病的孩子,悉心地照料,加倍地给她母爱。同时,像朋友一样跟她聊天,给她讲生理卫生和避孕知识,讲做人的道理,讲我的人生经历和体会,讲她小时候的趣事,讲她美好的人生前景。终于,秀秀

向我敞开了心扉。

秀秀转到这座城市的重点高中就读后,很长一段时间心情比较压抑。虽然她生来眉眼俊俏,但因为在农村生活了16年,身上难免有些土气,口音也和城里人不一样。因此,有的同学说她是"农村老土"。农村的孩子都是上了初中才开始学外语,老师教得又不太标准,所以她的英语口语较差,常遭同学讥笑。唯有住处与我家相邻的一个男同学不歧视她,遇到不会的数学题大胆地向秀秀请教,秀秀说不准的英语他也热情帮助,放学后常常一起回家,若哪天太晚,他就一直把秀秀送到家门口,秀秀很感激他。慢慢地,一种莫名的情愫在两人心中积聚,越来越强烈,终于在一个下午,在那个男同学家里,两个情窦初开、难以自控又对避孕方法一无所知的高二学生做了不该做的事。事后秀秀非常害怕,怕怀孕,怕被父母、老师和同学知道。当怀孕真的像晴天霹雳般在她头顶炸响时,她想到了死。

听了秀秀的话,我吓出了一身冷汗,幸亏我没有采取过激的做法,否则,后果真不堪设想啊!事已至此,对孩子的任何责骂、惩罚都于事无补,眼下最需要做的是亡羊补牢,是帮助女儿总结教训,防止坏事再次发生;同时,要医好她心灵的创伤,让她重新站立起来,否则,将会影响甚至毁了她的一生。我抚着女儿的肩头说:"爱慕一个优秀的异性,这是正常的,是一种很美好的情感,妈妈年轻时也有过,但

只是在心里偷偷地爱。你现在还小,还是个学生,对心里爱慕的人必须把握在同学友谊这个尺度上。你没有把握好这个尺度,一时冲动越了雷池,犯了错。犯错不要紧,改了还是好孩子。出了这样的事,就如同走路不小心被石头绊倒了,是趴在地上不动,还是赶快起来继续往前走,或是起来仍不小心再次摔倒?这是个很简单的道理,不用我说你也明白。妈妈允许你犯错误,但同样的错误不能犯第二次,否则,就是一个愚蠢的人。妈妈相信我的秀秀决不会是一个愚蠢的人。"秀秀眨着一双纯真的眼睛静静地听着。

我知道秀秀现在最在乎的是怕这事被别人知道。为了消除她的顾虑,帮助她树立改正错误、战胜自我的信心和勇气,我接着说:"妈妈向你保证,这件事只有咱俩知道,其他人我谁也不会告诉,包括你爸爸。等你身体恢复了就去上学,像从前一样学习、生活,像从前一样为实现你的理想去奋斗。"

听了我的话,秀秀感动地哭了。她倒在我怀里哽咽着说:"谢谢妈妈,你是世界上最好的妈妈!""不!妈妈不好。在这件事上,妈妈也有错。进城后,妈妈对你关心帮助不够,只注意你的学习,忽略了其他方面,该让你懂的性知识和避孕知识没给你讲,该让你知道的如何去与异性同学正常相处没讲透,你月经没来及早孕反应妈妈没有及时发现,也没引起重视,这都是妈妈的失职。这件错事表现在你,但

我也有责任,咱俩一人承担一半吧。从现在开始,你改你的错,我改我的错,你要争取做最好的女儿,我争取做最好的妈妈,好吗?""好,妈妈,我保证以后好好学习,好好做人,保证再也不会干傻事了。"说着,女儿伸出小手指,笑着跟我拉了钩。

我高兴女儿在这么短的时间内就能从泥沼中跳出来。但我知道,这件事还没完,因为那个男同学还在她班里,而且女儿承受了那么大的痛苦与压力,竟对他没有一丝怨言,也没让他承担责任,这说明女儿确实对他有感情。在这种情况下,生拆硬拽让他们彻底断绝关系是不会有好效果的。

于是我对秀秀说:"那个男同学的确不错,文质彬彬,学习很好,对你的帮助也不小,你可以和他正常交往,保持同学的友谊。但你一定要管住自己,避免同他单独接触。这件事不要告诉他,以免增加他的负担,影响学习,也不要让他家人知道,防止产生不良后果。这样,你就可以像啥事没发生一样轻松愉快、无忧无虑地学习和生活,就可以一如既往地按自己的人生计划走下去了。"女儿使劲点了点头。我又补充了几句:"秀秀,你要记住,妈妈永远是你的保护伞,是你的避风港,无论你遇到什么难事都要告诉妈妈,妈妈一定会帮助你,因为妈妈是这个世界上最爱你的人。在妈妈眼里,你永远是最优秀的。"

这段插曲过后,秀秀生命的乐章又流畅地继续演奏了。

她全身心地投入到学习之中,学习成了她至高无上的追求和乐趣。老师说:"20天的病休成了秀秀的加油站,功课不仅没落下,反而跑得更快了。"她在用加倍的努力来弥补自己的过失,在用实际行动履行自己的诺言。

付出就有回报,1998年,秀秀以628分的成绩考进了北京一所名牌大学。巧的是,那个男孩也以优异的成绩考入北京一所涉外大学。如今,我的女儿秀秀已是大学三年级的学生了,她学习非常刻苦,功课门门优秀,性格也开朗了许多,还当上了学生会干部。不论她今后在事业上如何发展,不论她将跟那个男同学还是跟别的男孩组成家庭,我都为女儿高兴,因为在她年少无知、懵懵懂懂时做的那件傻事,没有成为一片不散的乌云罩在她的心头,也没有成为一块绊脚石挡住她前进的路。

(溪 然)

爱在青春期

29. 未熟的果子不要尝

那是我女儿升入中学的第二年，优美的琴声渐渐稀少，频频的电话逐渐增多，悄声细语，颇显神秘。我仔细察看着女儿的一举一动，心里忐忑不安。有一天，收拾女儿的房间，一张粉红色的字条引起了我的注意，上面写着："小颖，你说你也喜欢我，那就真的试试。"看着字条，我的头脑有点发懵：这个"试试"究竟有多深呢？

第二天是休息日，我突发奇想。在爱人的陪同下，我到天坛公园管理处以两盒"中华"烟的代价，被允许从树上摘下一个青苹果和一个青核桃。回到家，我先拿出那个青青的小苹果让女儿去洗，女儿感到很奇怪："妈，您怎么就买一个，还这么小？"

我告诉她："人家说这种苹果特别好吃，咱们尝尝。"女儿用水果刀把小苹果分成四份，我和爱人各一份，女儿将1/4的小苹果全放到嘴里，随后"哇"一声，跑进卫生间吐了出来，大声地埋怨："什么苹果，又苦又涩！"我又拿出那个青核桃让她尝尝。她看了看青青的核桃，刚要用牙咬，她爸爸就忍不住喊了一声："有毒！"

女儿吓得跳了起来,青核桃骨碌到地板上。我趁势对女儿语重心长地说:"没熟的苹果又苦又涩,没熟的核桃是有毒的。许多美好的事情也是一样,要到可以尝试的时候才能去尝试啊。"

女儿听出了我的言外之意,思考了一会儿说:"核桃有毒,摸摸也无妨。"听女儿的这句话,看来她还没有真正摆脱幻想,我决定找个机会跟她更明白地讨论这个问题。

晚饭后,我旁敲侧击地问女儿,班里男女同学之间的关系如何,女儿老实回答说,关系还不错,经常一起出去玩。但是也有一对对谈恋爱的,她的一个好朋友最近就和邻班的一个男生好上了……说到这里,女儿抬起头,小心地看了我一眼。

我装作不在意地说,青春期异性间产生倾慕、喜欢、好感,这并不是真爱,千万别那么陶醉;否则,就会在人生的大好春光中,只顾欣赏眼前的"无名小草""歪脖子树"而忘却了前行,忘却了去欣赏无限风光——大草原、大森林。

女儿仍没有被我说服。她说:"但是,怎样才能看到'大草原''大森林'?能够欣赏脚下的'无名草'和眼前的'歪脖子树',难道不也很务实吗?"我笑了笑,心想:这姑娘看来真是走火入魔了。我说:"你如果想不通,可以把班里所有的男生身上的优点收集整理后写成书面报告。咱们以后再谈。"女儿若有所思地点点头。

几天后,女儿主动对我说:"我没有收集全班男生的优点,因为当我收集整理到班上第8个男生的优点时,明白了您那天说的话是对的。我觉得班上男生各有各的长处,这是不是如您所说,我来到了'大草原'和'大森林'?"

我趁势告诉她:"乖女儿,你别着急,随着年龄的增长和阅历的增加,后面更大的'森林'和'草原'还在等着你!你现在需要的,是为远足旅行储备足够的'粮食'和其他必需品,有这个耐心吗?"

女儿心照不宣地对我笑了笑,回答说:"我会努力去做!"

(张 靖)

情系两代

30. 与女儿谈"性"说"爱"

女儿刚上初中时,学校里开了生理卫生课。有一天她放学回来,忽然问我:"老爸,男人和女人在一起,就会怀孕生孩子吗?"原来,学校的生理卫生老师在课堂上讲,男性和女性通过受精,让男性的精子和女性的卵子结合,形成胚胎,这就使女性怀孕了,等等。但是,老师并没有讲过男性和女性是怎样进行受精的,结果下课后女儿百思不得其解:男人的精子怎么会跑到女人的身体里呢?由此她产生了深深的忧虑:"老爸,我的同桌是个男生,我和他天天一起上课,会不会因此怀孕?"

没想到女儿会这么简单理解有关精子与卵子结合的问题,一时我竟不知如何回答。女儿不幸被她的生理卫生老师引入了一个认识上的误区。那位太过含蓄的老师,在课堂上没有把男女受精的过程讲清楚,不然,孩子怎么会产生男生和女生同桌就会怀孕的心理恐惧呢?

我想了想,觉得应该正面回答女儿。因为我同女儿一样年纪的时候,也曾产生过类似的困惑与恐惧。那时在课堂上听到老师讲:男女受精怀孕就是精子与卵子的结合,同样是

不知道受精的具体过程。上生物课时老师讲过玉米的人工授精，课本上还有一幅插图，说将雄蕊上的花粉采下来，撒在雌蕊上，就可实现授精。但那是玉米，人呢？我问父亲，他一个巴掌抽过来："你小子不学好！"

我只好自己展开想象的翅膀。我以为，男人和女人是用同一池水洗澡，才使精子进入女人的身体内，因为老师说精子是一种蝌蚪的形状，尾巴长长，会游泳。我的结论在同学中一公布，立刻引来了哄堂大笑。有人说："你见过男女在一起洗澡？"后来我再也不敢在同学中胡说了。直到我长大成人结婚后，才明白我当时的想法是多么可笑的。

想起这些经历，我对女儿的心理恐惧就有了深切的理解。虽然时代不同了，人们已经能够通过公开渠道获取科学的性知识，但盲区在所难免，有必要对女儿正面讲清男女性行为的过程。我由此制订了一个关于生命孕育过程的"三讲"计划：第一讲是关于精卵结合的正常途径，即男女在交媾中所发挥的作用；第二讲是关于精卵结合的过程，就是性交的基本行为模式；第三讲则是关于精卵结合的正当前提，即男女性行为的道德基础与法律准则。

在讲完了基本的知识以后，我反复告诫女儿，所谓做爱，就是有爱才做，为爱而做，否则将无异于动物的交配。因为今天的人类，在两性间发生性的交媾行为，首先不是为了受精繁衍，而是为了身心的愉悦。无爱可言，何以欢悦？

所以，即使我们通过生理卫生知识的学习，了解到两性交合的原理、方法和结果，也不能觉得好玩，就随便地去尝试。就这样，我以先入为主的心理定势，通过循序渐进的讲解，帮助女儿从少女时起就开始构建她必要的性爱"底线"。

两代人之间的性信息交流环境日益宽松，女儿对男女世界有什么困惑，回到家就能向我们发问，我和妻子有问必答。甚至当女儿的同学遇到什么性的问题时，女儿还能充当别人的启蒙老师，用家里的电话与同学交谈，当着我和妻子的面，坦然使用性的专业术语，将问题讲得头头是道。如今，我的女儿已在大学三年级读书，去年她所在城市举办一个大型的国际经贸博览会，她报名参加其中的礼仪小姐评选，在八百多名竞争对手中脱颖而出，进入前十名，由此在学校内外小有名气。她的交往很多，但是她在校内对男生早已没有了最初的恐惧，在校外对男人更没有任何神秘与好奇。她了解男人和女人，了解男人和女人的所有事情，没有同任何一个男人有过她不应该有的关系。

我想，这也许是得益于我对她最初的那次教育，得益于我们家从那以后的宽松开放的代际沟通环境。

（齐　唤）

 31. "青梅竹马"为何"背叛"

女儿和住在同一座楼的小钢是好朋友,他俩从幼儿园开始就经常在一起玩耍,可以说是青梅竹马的好朋友。可是上初中后,他俩虽然还在同一个班级,我发现女儿很少去找小钢玩了。有时我问起来,她还一副不高兴的样子,只是说上初中后大家都很忙,没空一起玩了。我也没有在意。

可是今天,我偶然间听到女儿在房间里给同学打电话说:"小钢这个'花心大萝卜',我恨死他了……"我吃了一惊。女儿打完电话后,我赶紧询问她是怎么回事,没想到她突然哭了起来,断断续续地向我叙述。

"我和小钢从小一起长大,我们一起做游戏,一起打闹,我受欺负时他总是赶来帮忙,用他的小拳头把'敌人'赶跑。就这样,我们从幼儿园到小学,现在又进入初中,都在一个班。我一直默默地喜欢着他,把他当成我最知心的朋友。可是上初中后他渐渐开始疏远我,有意回避我。现在,他更和班上好几个女孩打得火热……我心里酸酸的,有一种被抛弃的感觉。妈妈,你说小钢他怎么能背叛我呢?"

女儿的叙述仿佛又把我带入了她的童年。成长足迹中那

情系两代

串串银铃般的笑声,彼此亲密无间的嬉闹,都会在每个人的记忆深处留下美好的一页。

"你的心情我完全理解。"我拍拍女儿的肩,安慰她说,"你和小钢的友谊能从小保持到现在,的确很珍贵。但我要告诉你:友谊就是友谊。它有两个特点,一是有阶段性,不同时期可以和不同的人结下友谊,所以,一个人可以有少年时的朋友,青年时的朋友,还有成年时的朋友等。二是友谊是开放的,一个人可以同时有几个甚至更多朋友。友谊和爱情不同,爱情要求专一,是排他的,只允许忠诚于所爱的人。但友谊却不是这样。

"女儿,看得出你是一个非常浪漫的女孩。你十分看重'青梅竹马'的友情,以为凭借它可以自然过渡到爱情,但这是不现实的。'青梅竹马'是古人的诗句,它赞颂的是两小无猜的童年友情。在曾经是封闭落后的社会环境中,人们无权自由选择配偶,相对而言,'青梅竹马'的好朋友,如果能最后结为夫妻就很满足了。

"但今天的时代已经大大不同。人们的活动范围扩大,交际能力增强,不仅可以广交朋友,就是选择恋爱对象,也可以'挑三拣四'。这正是时代给了男女最大的自由度,可以保证婚姻中的配偶是自己更满意的人。

"现在的问题是,情窦初开的你,错把自己与小钢从儿时建立起来的友谊当成了爱情,所以你希望他不要和别的女

孩交往,这对小钢来说是不公平的。因为你们自小开始建立的友谊,并不具有爱的目标,双方并没有承诺什么(即使承诺也无法当真),因此,也无须承担爱的义务。其实,就是到读初中这个年龄也还无法谈'爱',因为,爱情的分量太重,你们稚嫩的肩膀难以承担。从小钢看,他也并未进入恋爱状态,既然同时和几个女孩'打得火热',也可以说他们之间是友谊而并不是爱情。"

听了我的话,女儿渐渐止住了哭泣。我接着说:"爱情是人间最为美好的感情,但拥有它,还需要足够的准备。就像苹果,要由青变红,由苦涩变甘甜,需要季节的到来,风雨的沐浴,还需要施肥浇水。我希望你思考爱情,却不要奢谈爱情,否则会徒然增添许多烦恼。

"你还可以结交许多朋友。尽管爱情之树还不能发芽,但友谊之树却可以枝繁叶茂。当你从自我划定的圈子中跳出来,从广泛交往中获得朋友们的关心帮助时,你会感到友谊的空间是多么的广阔,拥有纯洁无瑕的同窗之情是多么美好!

"至于你和小钢,你们的友谊很宝贵,值得珍惜。你可继续和他交往,把他当作一个值得信赖的朋友。但双方的关系是独立而不依赖,彼此尊重而不相互控制。"

女儿点点头,但又不放心地问:"妈妈,你不会把这件事告诉老师吧?"我笑了,说:"当然不会啦。妈妈相信你会

情系两代

自己把握好这份感情的,这是咱俩之间的秘密,如果你不同意,连你爸我都不告诉!"

这件事情之后,我也开始反省自己由于工作太繁忙,对女儿的感情关心得太少。我开始有意识地邀请同事们带着他们的孩子来家里玩,特别是与女儿年纪相仿的男孩。我还鼓励她多参加集体活动,在班级集体活动中与小钢自然地交往。一段时间后,女儿不仅交了几个新朋友,而且和小钢也重新成了好朋友。

(任 文)

"春潮"释疑

32. "性梦"是罪恶吗

1932年到1933年间,伦敦的厄休林修道院的修女们控告当地长得十分英俊的神甫厄布丁·格兰德,说他施行巫术,每晚对她们施行非礼。起初是修道院长(她是个非常自傲、聪明又有癔症性格的女人)有这种性的幻觉,第一个感觉到厄布丁·格兰德夜间来到她的寝室作性的诱惑。不久,整个修道院的修女们都有这种梦,甚至附近的许多少女都受到"格兰德巫术"的影响,而产生性的梦幻。大家都越来越多地证明格兰德的"罪行"。结果,无辜的格兰德被活活烧死。这个悲剧发生的原因就是"性梦"的"投射"。修女们爱慕年轻英俊的神甫,出现"性梦"。修道院长在癔症性格的基础上,反而诬告神甫非礼。

做梦富有心理学的意义一直得到公认。古人相信梦有巫术的作用,或有预卜吉凶的功效。自控科学的心理学发展以后,梦的研究已经越来越深。从精神分析学派的眼光看来,梦是一种极有分量的心理现象。

关于性爱的梦,即性梦,是青春期自慰行为的一种,是指在睡梦中与异性发生性行为,绝大多数可达到性高潮。性

梦的发生率男多于女,男性发生于青春初期,女性多发生于青春后期。

男女两性在睡梦中所表现的自慰行为有所区别。男性的性梦常发生射精。一般而言,梦越生动逼真,肉体的快感越大,醒后越感到轻松。有时,在性梦时没有射精,等到醒后才射精;有时是在半醒状态下抑制射精。梦中的情人多为不熟悉或仅仅见过面的女性,很少梦见他所爱的人。而醒后一般回忆不起每一个细节。女性的性梦,比较起来似乎是错落零乱,变化无常。与男性性梦最大的不同在于女性醒后能回忆起梦的内容,并可影响自己的情绪和行为。这在具有癔症性格特点的女性更为显著。

意大利人郭列奴曾在意大利北部做过一个范围相当大而且内容也很广泛的性梦研究。他的资料从100个很正常的人中征询得来,其中有医师、教员、律师等自由职业者,而这些人都有过性梦的经验。性梦的发生与精液的充积程度密切相关。性梦具有诊断的价值,即性梦的性质可以提示一个人在实境的性生活特点。结婚之后,这种性梦的发生则大为下降。

性梦的出现本来是青春期性成熟的正常心理现象,但有时也会带来出乎意料的恶果。某大学的一名学生,因梦见自己和同班的一个女同学发生性关系,后来告诉了别人,结果导致这个女同学自杀。

据某机构对418名大学生身心健康调查资料显示,约有70%的人经常或有时梦见性活动。由此可见,性梦并非少见。

有过性梦体验的青少年朋友们,不必为自己的经历而焦虑,既然它是正常的心理反应,则应顺其自然,同时把精力投入于学习和工作,性梦会随着时间的流逝而逐步减少的。

(胡佩诚)

33. 花季的秘密

有一个 14 岁的女孩,忽然间烦恼起来,厌听厌见一切声色形味,只想一个人躲起来,莫名其妙地掉眼泪。这种烦恼持续了两天,她甚至在日记里写下了有关"自杀"的言语。爸妈反复询问她究竟出了啥事,她说不出来,只是捂耳跺脚哭叫。她自己跑去找"包治疑难杂症"的医生,医生也看不出她有啥病,问她哪里不舒服,她也说不上来。就在爸妈着急得不得了时,她又忽然间好了,一切恢复正常。爸妈问她那两天到底咋回事,她说:"我也不知道!"她自己也纳闷,问几个要好的女孩,她们都说也有过这种时候,而且每隔一段日子就会"发作"一次。

女孩所在的中学对这种现象做了深入了解,发现"怪病"不仅涉及女生。有一个 16 岁的男孩,文静内向,品学兼优,从不沾违纪越轨之事。忽然有一日,他旷了一天课,老师和父母到处寻找他,却发现他和几个乞丐小盲流一起狂舞乱唱,还用煤灰抹脏了脸冲周围的人们乱叫。老师和父母吃惊不小,批评和打骂之后,想方设法询问、调查他"变坏"的原因,结果什么原因也没找出来,而他又回归正常,

依旧是文静内向,品学兼优。

在中学生中普查,发现这"怪病"在许多学生中都发生过,或轻或重,或明或暗,有的学生虽然没有过相似情节,却在心里演练过许多次;有的是在梦中"过瘾",梦中的"言行举止"恰与白日里相反,不可思议。

为什么出现这种奇怪的现象?原因大致有两个方面。

其一,是处于青春发育期的男孩女孩,大脑的机能显著发展并趋于成熟,兴奋和抑制相互转化较快,而兴奋比抑制来得强烈。在各种活动中,控制自身的情绪和调节行为的能力较弱。性开始成熟,出现第二性征,伴之而来的是性好奇、性兴奋,常引发一些怪诞言行。

其二,是心理的独特性。生理上的显著变化导致心理的急剧发展,形成从儿童向成年过渡时期独特的心理征候,这时期处在一种半幼稚半成熟的状态,充满着独立性与依赖性、自觉性和冲动性、现实性和幻想性、成熟性和幼稚性等错综复杂的矛盾,具有过渡性和动荡性的心理特点,心理冲突、心理疾患和行为过失容易发生。西方心理学家称此为"反抗期""狂风怒涛期""危险期""凝聚力爆炸期"等。

在这一特殊时期,很重要的是让青少年男女能对自己日常生活中一些怪诞心理有科学的解释和认知,从年龄段心理、生理的差异到社会常识及道德法律,从花季人格及世界观的可塑、定型到日常生活中需相对调节的细节等方方面

"春潮"释疑

面,他们都需要学习,绝不是简单地讲生理知识就能解决的,有时甚至需要在专家的指导下进行自我调节。

那个14岁的女孩,对专家讲出了一个秘密:她刚过11岁便月经来潮了,那天,她发现以后,尚不知是月经,大呼小叫奔向妈妈,并哭喊"救命"。妈妈只是瞪了她一眼,教她怎样用卫生巾,并没给她细说月经是咋回事,更没说她为何月经初潮较早以及该注意些什么事等。当她从书刊中明白了一点,再问妈妈时,妈妈竟吼她:"不该问的别问!长大就知道了!"什么事该问?什么事不该问?什么时候算长大?她每次来月经都有一种强烈的"自秽感"和"异常感",认为自己和别的女孩不一样,平添了许多自卑和恐慌。

其实,在不少家庭中,父母面对子女,乃至父母之间,都存在着一种奇怪的"禁区"。比如"爱情"一字,在大多数家庭中,正常对话时绝不会出现,仿佛是一种忌讳,只在开玩笑或嘲笑别人时偶尔提及,说时必须是鬼脸怪调的样子。这种家庭的父母,能坐下来和儿女们谈论爱情和生理的话题吗?庸俗所致,花季少年便有了"心理黑箱",将好奇的、羞怯的、本能的、不明不白的……所有迷乱和冲动全藏在里面,如养鬼一般,"鬼"一旦跑出来,便使周围人大惊失色。

那个16岁的男孩,其父母是沉默寡言的"正经人",男孩面对父母从不敢笑着说话,在学校也从不敢抬眼看女生。

有谁知道他那怪诞行为是缘于他第一次手淫。手淫之后，他在被窝里哭了好久，本来是想自杀的，第二天去买安眠药人家不卖给他，他想了几个其他的死法都未实施，万般无奈才去和乞丐小盲流打混，"与浊为伍"倒消减了一些手淫带来的自卑自恨。

花季是亮丽的太阳雨，时悲时喜，但毕竟是无可指责、万象更新的花季。花季有许多秘密，都是与身体心理的发育相连，破解一组"密码"，就会有一次喜悦。由此说来，花季的秘密只是一本带锁的日记，眼睛和心灵面对整个世界，而钥匙和笔不就在自己手里吗？

（小　丽）

34. 解疑手淫

手淫是指自我或相互通过手或器具对生殖器官进行有意识的刺激，从而获得性满足的行为。其中自我的手淫行为，也常被称作"自慰"，以避免"手淫"一词的贬义色彩。

手淫属青少年中比较常见的性活动形式，也是容易在青少年中引起困惑与烦恼的一个主要问题。手淫现象在青春期男孩和女孩中都有，只是男孩要明显多于女孩。在青春期性健康教育或性科学的普及读物中，几乎没有例外地都要谈到手淫问题。虽然各种说法纷繁，归总起来可以分为两类：一类观点认为，手淫尤其过度手淫是有害的，应该制止；另一类观点是近年才出现的，认为手淫如同吃饭、喝水一样，不存在过度问题，手淫无害，反而有利，应该解除心理疑虑，听其自然。这两类说法都比较明显地体现了作者的主观意见。

其实，青少年在寻阅有关手淫问题的读物时，已经带有自己的倾向性意愿，希望能被读物所证实，然后才乐意接受一些指导。所以，我们必须根据青少年读者的实际情况及其个体差异，给予分类指导。

有的青少年对自己染上手淫的习惯十分懊丧,程度严重的甚至想到自杀。手淫之前,欲望逐渐强烈,白天一遇到某种刺激,就越发变得难以遏制,到了手淫之时简直不顾一切,可是一当事毕,顿时神情沮丧,悔恨不已。在这样的恶性循环中,这部分青少年容易背上越来越沉重的精神负担,影响身心健康。

这些青少年因手淫而产生自责的原因很复杂。认为手淫"下流"、不道德,可能是一个原因,但绝非主要原因。现在绝大多数青少年都懂得,这样的观念"过时了"。而事实上构成青少年心理压力的是一个挺实在的矛盾,只是有些青少年可能自己没有清晰地觉悟到而已。那就是社会要求青少年的任务是学习,现在的父母亲对子女学业进步的要求又非常高,而现行的招生、就业、个人前途也与学业成绩紧密相连。这个压力相当切身,又相当沉重。可以说,只要是手淫成习惯的青少年,面对着这个压力,无一人能够摆脱心理困扰。一个青少年对待人生的态度越认真,这种困扰的程度就越强烈。

有的文章为了安慰手淫者,称手淫不是病,而不手淫者才属于"有问题"。此语前半句也可谓没错,而后半句就显得有些偏激了,似乎要引起新的恐慌。事实上现在的成年人中,婚前从未有过手淫,而婚后子女健康、家庭幸福的大有人在。青少年千万不要因为这种过于偏激的说法,原本不手

"春潮"释疑

淫的也去试试自己是否有能力手淫。

曾有一位学生写信求救道:"我是一个手淫患者,现在身体不好,我感到自己太不幸了,有时几乎想自杀……决心戒掉这种恶习……但是自从看到一篇文章说手淫没有害处,我陷入了痛苦、恐惧,整天处在烦恼之中。我手淫已经有5年的历史了,它给我带来了难以摆脱的不幸,身体坏,学习不好。如果我按那句话的指导,就不该戒掉手淫了,那我的人生之路怎么走?我希望大家说手淫有害,因为我已经尝够害处了。"与此信作者有类似要求的青少年肯定不在少数。对这些青少年的有益指导不是说上一声"手淫是正常的","听其自然吧",而是教给他们中止手淫或降低手淫频率的方法,使他们处于感到自己是有希望克服手淫习惯的心态中,这样才有可能真正消除他们的不良心理,有助于他们的身心健康。

具体方法有:转移对性的注意与兴趣,努力培养并扩大其他方面的兴趣与爱好;多参加文体活动;不看色情读物或影视;养成良好的睡眠习惯,不贪恋床褥;睡前用温水洗脚,屋内保持空气流通,以助迅速入眠;睡觉不要俯卧,被褥不宜过暖,内裤避免过紧;清晨一醒即起。

手淫习惯不可能一下子戒除,需要有个逐渐减少的过程,在这个过程中,应该有自信。青少年必须懂得,戒除手淫习惯的过程也是培养与锻炼意志的过程。许多中学正在开设如何培养意志力的心理辅导课，其间教授的许多方法都可以试着用来帮助他们克服手淫习惯。

除了上述这类青少年之外，还有另外一类青少年，尤其是青年，由于身体条件、工作负担、学习要求的不一样，他们可能没有经受着上述青少年所面临的压力与矛盾，于是当体内性的欲望引起的张力需要得到释放时，便常常会借助于手淫。对待这样的青年，则应该告诉他们，手淫之前需要先洗干净手与生殖器官。手淫时应该找一个能帮助自己克服偷偷摸摸与紧张心理的时间与场所，以及提醒他们手淫仅是生活的一个细节，应该将主要精力集中于工作和学习之上。

总之，青少年对待手淫一定要有主见。假如他的状况使他不想手淫，也是很对的。假如他的条件使他觉得手淫无大碍，并自信不会发展成频率过高的习惯，那也无须自责或受责难，但是需要注意卫生。

（张志刚）

五. 青春之情：纯洁柔美，脆弱短暂

"我女儿最近老是接到班里一位男生打来的电话，说些含含糊糊的词儿，令我听不懂，也猜不明白。您说咋办？"

"我儿子情人节那天买了20多张情人卡，第二天全寄出去了。这么个15岁的毛小子，您说能有那么多的情人吗？"

"我女儿说他认识了个大哥哥，是初中毕业班的班长，还让我们允许她以后带这位哥哥回来吃晚饭。您说他们之间究竟算什么关系呢？"

"我儿子上学期与班里一位女同学要好，又是送生日贺卡，又是一同去北海滑冰。可是这学期刚开学不久，他又换了一位女友，压根儿不提上学期那位了。您说这孩子，小小年纪就花了心，将来会不会变成他爸那样的男人？"

的确，父母面对孩子与异性之间的"友情链接"，总是不那么坦然，不是提心吊胆惧怕"早恋"，就是装聋作哑视而不见。究其原因，除了对青春之情的性质和功能陌生之外，多半还有对少男少女"早练"的需求和特点缺乏了解。

青春期男女的交往，作为对未来恋爱择偶的准备、尝试

和练习,是一种特定的活动。由于大众媒体展示的男女关系往往是成年男女之间的情爱或性爱,大多带有谈婚论嫁的性质,而媒体节目很少对少男少女之间那种友情关系做出恰当的展示和解释,因此,青春期的孩子们在交异性朋友时,也仿照了成年男女的那种风格、语言、行为。他们说不清这个阶段的异性交往是友情、爱情、心理需求或是生理和外表的相互吸引,也不能准确地分辨自己与对方之间究竟属于好感、喜欢、欣赏、同情、依赖等复杂感情中的哪一种,于是统统冠以"我爱你"三个字,或者把流行歌曲中的哪一句唱词借来表达自己的某种感觉。在这种情况下,父母对孩子的异性交往及早进行点拨和疏导就很有意义。

　　父母可以巧妙地选择一个让孩子感到自然和轻松的时机(如与孩子外出游玩、购物时的休息空闲,一同散步或看了某部影视片之后,千万不要在用餐时、孩子做作业前后或睡觉前),问起孩子班里男女同学的情况。如果孩子自然说出谁交了异性朋友,或者父母已知孩子也有了要好的异性同学,就可以这样告诉孩子:"你见过蓝天上的白云吗?清晨起来,看见蓝天上飘着白云,那是多么纯洁、美丽、令人喜欢;但是等到中午放学时,你再抬头看吧,清晨那朵白云不见了,它在阳光下游走,它在微风中飘散。孩子,青春期少男少女之情,真的就像蓝天上的白云,它美丽而脆弱,诱人而易变,无法久留在你眼前。"

"春潮"释疑

对经历过初春雪天的孩子,父母也可以这样指点:"春天下一场大雪,清晨起来白皑皑一片,朝阳之下,红装素裹,柔和而耀眼,你兴致勃勃地堆了个雪人儿。可是到了中午,太阳高照,气温上升,那片白雪渐渐化成了水,悄悄流走了。你下午放学回来,再去找你的雪人儿,只见湿漉漉的地上,雪人消失了。孩子,青春之情就像春雪般纯洁和柔美,但也像雪人儿的存在那样脆弱和短暂。青春期的异性之情,是开放的,不保密、不占有、不作永久承诺的。这种友情越多越好,'多个朋友多条路',当某位异性朋友离你而去时,你就不会觉得太孤独,太寂寞,太失落。"

父母这样来点拨或者预告孩子与异性之间的友情,既不使他感到羞辱,又不使他们有过多的期待,引导他们自然而然地接纳、欣赏和享受青春之情,又能在友情发生变化或转移、结束之时不会过于沮丧或烦乱。

一个身心健康的孩子,青春期应是伴有丰富的异性友情滋养而又不执着和专注于与某个异性同学的关系,更不陷入对某个异性同学的心理依赖。这样的健康成长状态,与父母本身对青春之情的态度和指导孩子的方法有密切的关系。

(陈一筠)

爱在青春期

36. 词典里没有"早恋"

什么时候恋爱叫"早"？说未到法定结婚年龄的恋爱为"早"，相信谁也不会点头。说不到恋爱年龄的恋爱为"早"，那么又如何界定恋爱年龄？不知从什么时候起，"早恋"这一模糊的概念流传起来。所幸的是，为适应新词新语产生的现实而以增加新词语为首要宗旨的最新修订版《现代汉语词典》，没有收录"早恋"来与"早婚""早育"为伍。因为"早恋"这个说法本身就是不科学的。

小兰15岁了，长得秀美。她上初三，与同班一个男生要好。这男生是个双腿有毛病的小儿麻痹症患者，但他聪明多才，吹拉弹唱样样行。所谓要好，究竟是出于对这男生的同情还是佩服，是少男少女之间的自然吸引，还是青春期皆而有之的混沌感情？谁也难说清。

小兰的父亲风闻此事后，严厉警告小兰："不许老早搞对象，将来搞对象咱也不能嫁给一个瘸子！"小兰是个有文化的孩子了，听父亲这般不堪入耳的教训，很是不满，可又不敢顶撞。无奈，她不再与那男孩公开接触了。

由公开转入地下，神秘感就来了，体验自有不同。性意

"春潮"释疑

识的觉醒使这对少男少女有了亲吻之类的肌肤接触,这越发使他们难舍难分。纸包不住火,小兰的父亲知道后怒不可遏。一天晚上,大家去村上看电影,小兰又到那男生家里。她没料到父亲跟踪而至,要来个"捉奸"取证。两人正在卿卿我我时,父亲大喝一声,见小兰不知所措,父亲举棍就打。男孩的兄长闻讯赶来,与小兰的父亲格斗开了。小兰趁机跑回家,又气又羞,竟拿起一瓶农药喝了下去。药性发作时,她后悔了,呼喊求救,已经晚了。

这宗悲剧给我们留下的是何其沉痛的教训!悲剧是谁酿成的?不正是大人手中高举的"禁止早恋"这一挞伐之鞭吗?

何止小兰的老农父亲把男孩女孩的要好看成是"老早搞对象",有多少受过高等教育的父母,也在对少男少女的正当交往施以粗暴的惩治。其后果也许当时看不出来,而是后来才显现出来的。

少年男女之间发生的相互爱慕之情,也许可称为"初恋"。那是孩子们最初的情感体验,是一段纯美的感情经历。初恋是人生第一朵绽开的鲜花,如初升的朝阳一样美好。一个身心健全的人,平心而论,谁没有过年少时初恋的美好回忆?虽然它像梦一样迷离而短暂,但它注入心田的那种温馨、激励,难道不是培养高尚情操的精神滋养吗?说句实话,在今天这样的时代,年少时没有过初恋,那才是人生的一种缺憾,而且这种缺憾会在情感和人格上留下残痕。

不错,初恋是幼稚的。但它如别的事物一样,没有初始哪有发展?没有幼稚哪有成熟?为什么要把人类异性之爱的初始现象视为大逆不道呢?人们所以发明"早恋"这么一个荒谬的概念,就是因为那么多人对青少年的初恋这种客观存在的正常现象不愿承认,不敢正视,更不能容忍。于是,那么多为人师、为人父母者同时举起"禁止早恋"这一挞伐之鞭,对少男少女的情感萌芽共讨之,共伐之。于是,挞伐之鞭下便有了本文开头的悲剧,便有了那么多青少年心灵上看不见的创伤和怨恨。

肯定初恋的意义,并不意味着鼓励少男少女坠入爱河。因为他们到底还小,还不识水性,还招架不住爱河中巨大漩涡的冲击,闹不好会被爱河淹溺。少男少女的异性交往需要成年人的指导,无端的禁止和阻抑往往会使他们的心理发生畸变,走向不测。父母和老师明智的态度是理解,是疏导。

如果少男少女真的恋爱得很认真了,父母和老师又该怎么办?

一位16岁的高一男孩,认真地与一个同班女孩相恋了。男孩的父亲与儿子进行了一次属于两个男人间的朋友式对话。

父:儿子,你是不是觉得她是最好的女孩?

子:我觉得我认识的女孩里她最可爱。

父:爸爸相信你的眼光。但是,你才上高一,你认识的女孩有多少?

"春潮"释疑

子：……

父：你说你要上大学，将来还要出国深造，想成为一名律师或金融家。你知道你将来会遇上多少好女孩？爸爸并不反对你现在交女朋友，但是，爸爸最反感的是见异思迁。你16岁就有了女朋友，这女朋友是你到目前为止认识的最好的女孩，可是，你将来会有更多的机会，到那时你该怎么办？你会不会见异思迁？

子：可是，现在让我离开她，我很痛苦。

父：你初三时买的"随身听"呢？

子：前两天，您给我买了个高级的，我觉得音质比原来那个好，就把原来的送人了。

父：儿子，这就叫"喜新厌旧"。你能保证你不会遇到新的可爱女孩吗？

子：爸爸，我懂了……

父母应该给初涉爱河的少男少女的心灵之舟导航，帮助他们把初恋的纯情变为激励前进、把握人生航向的意志和力量。这个初涉爱河的男孩从他的父亲那里得到了积极的人生指导，真是太幸运了！

放下成人手中的"早恋"这根挞伐之鞭吧！让更多初涉爱河的少男少女有幸得到父母的安全导航。

（景　秋）

爱在青春期

♀♂ 37. 拨开同性恋的迷雾

晓祥读高二，长得人高马大，可是在我面前却羞羞答答像个小姑娘，脸憋得通红也说不出话来。我推测他绝非为一般学习、交往问题前来咨询。果然，打消顾虑后，晓祥坦诚地倾吐了他心中的难言之隐。

"我对男孩子感兴趣。这种感觉大概是从初三开始的。那会儿有一个男生很聪明，我经常向他请教问题，逐渐地我们成了好朋友。可是，后来我感觉有点不对劲，当我们不在一起时我就有点想他。毕业后我们没有考进同一所学校，慢慢地疏远了。可是，现在我又遇到了这样一个男生，我们成了无话不说的好朋友，我对他又有了那种感觉，总是想和他在一起。但他不知道，他有了自己的女朋友。我想劝他不要交女朋友，又责备自己：你难道想独占他的感情？这样，我心中越发感到惶惑不安。我们没有什么出格的行为，没有亲密接触，只是经常在一起聊天，有时候像一般男孩在一起那样搂搂抱抱。可有时搂搂抱抱时我就会有一种触电的感觉。我有过性梦，有过性冲动，有时候是男的，有时候是女的。性梦之后，我就更是心慌意乱了……"

"春潮"释疑

"你是怎样理解自己这种心态的?"我问。

"不知道我这是不是同性恋?"晓祥很艰难地说。

"你的确有同性恋倾向。"我说,"不过你不用特别感到压力。"

我告诉他,性学专家们研究发现,有许多成年人或多或少有些同性恋倾向。现在也已不把同性恋认作"性变态",不应用一个简单的"不正常"来定性。尤其是在青春期,性心理尚未发育成熟,出现性取向的摇摆和偏移是完全正常的现象,某段时期的同性恋倾向并不意味着是终生的同性恋者。对同性恋有一个恰当认知的态度,对晓祥是很重要的。现在他放松了许多。随后,我请他谈谈有关的其他情况。

"在我们家里一直是母亲当家,对我的管教也是母亲。母亲特别严厉,为了家务事常常又哭又闹,我特别反感,特别厌倦。从我记事起就没有过对母亲亲近的记忆,至今我也不愿意和母亲接触,甚至不愿回家。

"我长大后对女孩也有过好感。有一个女孩和我同班,那次因为有事来到我们宿舍,我们有了一次近距离的接触。后来我们又分到了一个组。慢慢地我对她动了心,就给她写信,写条子,通过各种方式追她。有一次,我们几个男生女生在一起玩儿,我感觉她故意不理我。随后我们一起去操场,我又感觉她故意绕开我,躲避我。我当时感到特别受挫,特别没面子,心情糟糕透了。从此,我便不愿接近女

孩了。"

关于同性恋的成因，不同学派解释各异，迄今尚无定论。但有一点是肯定的，即后天的成长性经验是有重要影响的。就晓祥的情况看，后天的生活经验、心理因素是形成性取向的重要成因。家庭关系中的女性行为作用太强，即母亲颐指气使，父亲言听计从，形成母亲决定一切的家庭角色形象，是有些男孩出现性别角色心理错位，导致同性恋倾向的原因。我们进行了如上的沟通后，晓祥说："这是我第一次与人敞开心扉袒露心迹，第一次听到这样的分析指导，感到了从未有过的轻松。"但随后他又心生疑虑，"我不想这样，我还可以改变吗？"

"你想改变就肯定能改变，只是需要你付出很多努力。"我肯定地说。在他表示了恳切的态度之后，我尝试介绍了可能改变性倾向的方法。我提出两点建议：一是与那个男生拉开距离，二是去体验女生的魅力。我提示他要有充分的心理准备，做出较长时间的努力。

经过一段时间的调整，晓祥告诉我初见成效，一是对女孩有了亲近的意念，二是对那个男生的依恋减轻了，只是那个男生有点误会。

现在，晓祥最需要的是强化效果，巩固信心。所以，给他充分的肯定之后，我建议他记"成功日记"。就是把自己调整性倾向的每一点成功体验，都真实自然地记录下来，以

"春潮"释疑

便自我强化。为了免除那个男生的误会,晓祥可采取适当的方式把自己的想法谈出来。

到第四次来访的时候,晓祥面带半是欣喜半是羞赧的笑容:"我对女孩有了明显的感觉,心中时常默想女孩了……"从晓祥的日记,我看到他的性意念已经指向了异性:"今天体育课上,我看到了女生脱外衣的情形,我就有了性冲动,当时心猛然一震,眼睛就不愿意离开了,并且有了一种想接近的感觉……今天买了一副泳装扑克,看到女性的形象,内心一种冲动涌起……"

"你的情况基本恢复了常态,顺应自然就可以了。"我说,"人的生活中不单有性,生活丰富多彩是心理健康最重要的条件……"

新学期开始了,晓祥的好消息传来,他终于能够坦然面对生活了。

晓祥是一个领悟能力和求助意识都很强的男孩,我为他的自助成功而高兴。

晓祥的经历提醒我们,青春期少男少女需要良好的家庭环境和亲子交流,更需要积极的异性交往,以免陷入性取向的迷茫。

(马志国)

爱在青春期

38. 性的位置

很多年以前,刘心武曾经写过一篇小说,叫《爱情的位置》。这个题目可能令今天的年轻人感到非常奇怪,爱情本来就是生活的题中之义,还要给它安顿个什么位置吗?他们不知道,那篇小说曾经轰动一时,就因为它敢为爱情"正名"。要知道,"文革"期间,连爱情歌曲也都被打成"黄歌"了呢。

现在好了,满大街都是爱情了。花店里的红玫瑰,服装摊上的情侣装,"爱情"成了最好的商品包装;收音机里飘出的爱情歌曲缠缠绵绵,银幕荧屏上的爱情故事死去活来。

在每一部电影、每一本书的故事里,似乎紧跟着爱情出场的就是性。当爱情无所不在的时候,性也已经无所不在了。车站码头的书报摊,大街小巷里的录像厅,电脑网络上的"成人网站",性的信息可以说是唾手可得,更不要说影视、广告、"内衣秀"中的"软色情"了。扑面而来的性信息与年轻人因成熟而产生的性冲动交织在一起,当"性"已经成为年轻人生活中的重要课题和压力来源时,它却仍然是课堂上的禁忌。

"春潮"释疑

如果说,上一代年轻人是在黑暗中自我摸索的话,这一代年轻人则是在"目迷五色"中挣扎:"性对我来说意味着什么?我要做还是不要做?性真是那么重要或是那么不重要吗?"

每次为青年开讲座,我都会收到一大堆条子。这些条子对我来说充满了挑战,逼着我去思考和回答。特别是那些与性有关的条子,更让我觉得和年轻人一起探索"性"在人生中的位置,是一件非常重要而有意义的事情。

假设一:压抑性欲有碍健康

"食色,性也"。性,的确是人最基本的一种需要,因为它关乎人类的繁衍。但是,和食物、水、空气、睡眠的需要比起来,性并不显得更重要,道理不言而喻:没有食物、水、空气和睡眠,人会死;没有性,作为个体的人还能活下去。

虽然食色皆是人的本能,但人有自我管理与控制能力。人对自己本能的满足,也需要有时间、场合、方式的限制。比如,我们想吃东西,但不能到饭馆、商店去抢,也不能不分场合就吃。性的满足也是这样,为了健康,为了更加美好的将来,或为了其他一些理由,有时我们不得不压抑性欲。其实,一个正常人,在其一生中的大多数时间和大多数场合,都必须控制性欲,否则便没有身心健康,没有文明秩序。人能够控制性欲,而不是被性欲所控制,这是人与动物

的根本区别。

弗洛伊德认为性压抑是造成心理疾病的主要原因,这个看法早已被证明不符合实际。人产生心理疾病有很多原因,性只是其中之一。心理医生们都知道,某些心理疾病不是对性行为的克制造成的,而是当事人一方面有强烈的性冲动,一方面又感到自己可耻、肮脏、有罪,这种强烈的内心冲突长期不能摆脱,才会造成心理疾病。

假设二:禁欲是对美好爱情的摧残

在一所大学,我曾请大学生们用符号来表示"性"与"爱"的关系。他们用了"<"">""≠""≤"等许多符号,可见性与爱的关系是一道可以有很多答案的问题。

两个年轻人在关系亲密到一定程度时,产生性的渴望是很正常的。这时可以有两个选择:一是暂缓满足性欲,二是马上满足性欲。马上满足性欲似乎是很人道的,但是,在心理辅导的个案中,我却发现很多爱情恰恰葬送在"马上满足"之中。

有一个25岁的小伙子因为找不到真正的爱情而打来电话。他告诉我,其实他一直有性伴侣。他往往是和一个女孩交往不久就有了性关系。但是,一旦有了性关系,他很快就会感到厌倦,结果是"我对谁都认真不起来了"。在探讨中他发现,自己似乎从未和女孩子有过较深的精神与情感层面的交流,每次约会都直奔"主题"(性交),在肉体获得暂

"春潮"释疑

时满足的同时,爱情却失去了成长的空间——他没工夫也没兴趣与对方进行精神和情感地交流了。其实,当双方把彼此的交往局限于性时,很容易感到单调、重复;而精神与情感的世界却是宽广和丰富的。

也许著名的人本主义心理学家马斯洛的话会对大家有所启发,他说:"我们的青少年已经使性'去圣化',性无所谓,它是一件本能的事情。他们已经把它弄得那么自然,使它在很多场合失去了诗意,这意味着它实际上已经失去了一切。"

假设三:性关系可以增进两人的感情,或解决已经出现的危机

这句话存在于许多人的潜意识中。一些男孩发现女友"心不在焉"时,便想用性来确定双方的关系;也有女孩想用性来"拴"住男朋友,让对方不能或不敢离开自己。但性的体验真的能使关系深化,或者解决双方的危机吗?

对于青少年来说,性关系常常带来大量情绪问题,比如紧张、内疚、担忧、害怕和内心冲突。这些情绪会成为两人交往中的一股潜流,使原有的矛盾在不知不觉中被扩张。

性体验有时还会降低对自我的评价和对对方的评价。自我评价的降低导致自尊降低,在关系中表现出更多的迎合;对对方评价的降低,会导致怀疑和不信任。这两种情况都会使双方的关系失衡,而维持一种失衡的关系,既辛苦又痛

苦，这样的爱情哪里还有什么"甜蜜"？爱得深不深，实在与性无关。

如果你还没有做好准备，在与恋人交往时，就要尊重自己，也尊重对方，避开容易引起性冲动的情境。这样既不给自己带来压力，也不使对方产生性的紧张。

好了，让我们回到题目上来。性究竟应该在生活中占有什么样的位置？我的朋友、大连大学性别研究中心主任李小江教授说得好：

性是重要的，但它并没有重要到可以涵盖整个人性。

性快感是重要的，但它并不能包容人世间所有的快乐。

性欲也是重要的，但它并不比生存的欲望、发展的欲望、安全的欲望、健康的欲望更加重要。

在性的信息扑面而来的今天，让我们记住这些话吧，因为生活中还有那么多挑战在等着我们！

（陆小娅）

"春潮"释疑

 39. 暗恋老师为哪般

"我是初三的女生,不知什么原因,我竟然莫名其妙地爱上了一位比我大 22 岁的英语老师,而且只要一天见不到他我就恍恍惚惚。这突如其来的感情让我心慌意乱、心神不安,学习成绩日渐下降。面临初三的毕业与升学,我却无心学习,整天想我的心事,我该怎么办呢?"这是一位中学女生的求助信。

其实,作为一个青少年读物的编者,收到这样的信件并不罕见。进入青春期的少女,容易对比自己年长许多的异性萌生爱慕之情,但绝大多数只是一时的崇拜和依恋,过一段时间就烟消云散了。只有极个别的时间长了会产生负面影响,就像来信的这位女生一样,陷入虚幻的感情而不能自拔。

因此,有必要科学地分析这种恋情产生的实质。

有位社会学家曾把人类婚恋意识的发展概括为 4 个时期,其中就有"向往年长者时期"。这里所谓的年长者不是指一般的年龄较大的人,而是在学识、阅历、谈吐和风度上都显得较为成熟且颇具魅力者。有人形象地把少女对年长者

的这种爱恋称为"牛犊恋",意思是说像牛犊对老牛那样的依恋。其表现有如对待偶像般地倾心于对方,时刻注视并铭记着对方的一举一动,常常把这种爱慕之情深深地压抑在心里,让这种情感折磨自己也慰藉自己。

产生"牛犊恋"的一个重要原因是少女进入青春期以后,渴望与异性接触,开始表现出对异性的关心、爱慕和向往,这是性意识的觉醒与萌动,也是人们通常所说的情窦初开。但是,对于处在同一年龄阶段的异性伙伴来说,他们成熟的水平还较低,言行举止都显得幼稚,难以同心理成熟较早的女孩进行沟通。这就使得一部分少女把自己的交往兴趣转向那些阅历丰富、思想深刻、风度不凡、感情深沉的年纪较长的异性身上。特别是一些感情较脆弱而又急待寻找心理依靠的少女,最容易陷入这种感情的旋涡。

产生"牛犊恋"的另一个主要原因在于"恋父情结"。精神分析学的鼻祖弗洛伊德认为,每个女人从童年起,都有一种"恋父倾向",若"恋父"心理久久不能转移,便可能将初恋献给一个酷似父亲的男子。而同龄异性,却不能诱发她们产生这种感情。

那么,怎样解开这种恋师情结呢?

最重要的是用理智去控制情感。人是一种社会动物,不仅是"情感人",也是"理智人"。"牛犊恋"绝对不是成熟的爱情,它只是少女迸发出的一种单相思的感情火花,而不

"春潮"释疑

是炽热燃烧的爱情火炬。这种火花是嫩弱的,经不住风吹雨打。因此,当面临这种狂热迷恋的情感冲动时,少女应当冷静地想一想:"我究竟爱他什么?这是一种理智的爱吗?这种感情能结出爱情之果吗?"只有明白了感情发生的真正原因和可能的结局,才能克制心血来潮般的冲动。

此外,还要全面地观察、了解和评价所迷恋的对象。少女对老师的倾慕,往往是只看到老师的优点并加以夸大,将其偶像化。因此,应当设法从不同的角度去观察、认识老师,这样才能消除神秘感。在学校里、课堂上所看到的老师的形象,是由于教育的需要使他们把自己比较优秀的一面展现在了学生面前。而在实际生活中,他们也是凡人,也会有自己的优劣短长。一位女中学生就曾说过:"我原来发疯般地爱着我的老师,觉得他的一切都令我痴迷。直到有一天我在自由市场上发现他正在与一个菜贩讨价还价,他在我心目中的神圣形象一下子改变了。"

的确,远距离看是偶像,近距离看就是凡人。

(肖 峰)

爱在青春期

40. 少男少女的友情探究

"我那12岁的女儿怎么就爱招惹隔壁的男孩呢?他们上学总约在一起,有时还互相打电话。父母应不应禁止他们来往?"一位母亲两次打来电话询问。

儿童期的男孩女孩,喜欢跟父母在一起玩耍。父母陪他们玩,哄他们玩,买玩具给他们玩,使他们开心。然而,当孩子长大一些,就不愿跟父母在一起玩了。如今的独生子女一代,家中没有同胞兄弟姐妹,跟谁去玩呢?自然就在家庭之外找同龄的伙伴玩了,同学、邻居家的孩子,甚至公共场所结识的同龄人。如果这样的同龄玩伴来自异性圈子,就格外让孩子感到新鲜、欣喜、兴奋甚至难分难舍。从旁观察的父母,内心总有一种莫名的担忧:是不是孩子有点儿不正常?成熟太早还是"学坏"了呢?不管他们会不会"出事"?其实,从孩子成长的角度看,十一二岁的男孩女孩,开始体验异性之间的友情,是十分自然甚至是必需的。那些处在花季、雨季的少男少女,如果压根儿就没有与同龄异性朋友交往的兴趣和能力,那倒是一个值得重视的问题了。

那么,花季少男少女之间的交往究竟有什么功能而使其

"春潮"释疑

成为"必须"的行动呢?

(1) 愉悦身心,释放压力,放松神经,增进健康。

工作繁忙的成年人需要娱乐休闲,学习紧张的孩子们更需要愉悦身心。同龄的伙伴在一起谈天说地、遛马路逛公园,一道骑车兜风,郊游聚会,生日聚会等,最好的感觉就是"开心,痛快"。如果这些活动有异性参与,那就格外开心。因为异性之间有自然吸引力,有"磁场效应",有"情愫""性愫"的滋养,阴阳和谐大大增强了娱乐的效果。"男女搭配,干活不累"就是这个道理。在异性交往中,孩子们心旷神怡,学习上的压力减轻了,神经放松了,身心健康、精神饱满地投入学习与生活,这是他们的需求,也是他们的权利。孩子并不是学习的机器,功课的奴隶。其实,世界上有许多高雅而健美的文体活动都是为两个性别共同参与而设计的:双人舞、男女声二重唱、男女乒乓球混合双打、男女花样滑冰等,难道不是给人一种格外高雅和美感的享受吗?如果在某些娱乐场所,只见同一性别的人群,那该是多么单调和枯燥?这就是万物皆有"阴阳和谐之美"的道理。现代社会几乎都取消了男女分校的制度,也有这层含义。

(2) 孩子社会化的关键时期,异性友情不可或缺。

女孩来月经,男孩开始遗精,从生理上表明了孩子的性成熟。此时的男孩女孩,以其特有的性别磁场在对异性产生吸引力,或被异性磁场吸引。这不是他们自身意识到的,更

不是他们刻意计划的。孩子最初的性别磁场的引力指向,一般是指向家庭中距离最近的异性父母:男孩指向母亲,女孩指向父亲,悄然形成着所谓的"恋父"或"恋母"情结。因此,细心的父母可以观察到,进入青春期的男孩女孩,在对异性父母的态度、表情、言行上发生着微妙的变化,这十分正常。但这个过程不可持续太久,需要尽快让孩子的性别磁场指向从异性父母转向同龄同辈的异性,这是青春期社会化的一个特殊环节,可称为"第二断乳期"或"心理断乳期"。如果一个男孩或一个女孩迟迟不能完成"第二断乳期",他(她)就将在与异性的交往中遇到困难,或在将来的恋爱择偶乃至婚姻中受到挫折。

"男人来自金星,女人来自火星",两个性别的代表从少男少女时期的自然接触开始交往,一边认识异性世界,一边认识自己,知己知彼,增强与异性相处的自信、自尊感和相互悦纳、尊重、平等的观念,为将来与终身伴侣结合并和谐地相处,做好远期准备。这对婚姻的幸福和家庭生活美满,也是不可缺少的。

(3)**解除心理困扰,实施情感救助,有助于维护青春期心理健康,预防心理疾患。**

青少年期是容易产生烦恼情绪和心理失衡的阶段,既有来自生理与身体变化的不适之感,又有因功课压力、成绩波动、人际关系和家庭问题而带来的烦恼。烦恼中的少男少女,渴望心理救助和情感支持。此时,父母往往忽视孩子的

情绪变化和心理烦恼,难以走进孩子的心扉;老师则多半关注学生的学习和一般行为表现,不易深入解读每个孩子的心理变化。而此时最敏感地察觉同伴心理烦恼的,往往是某位与其相好的异性,于是他(她)带着"磁场"效力去安抚对方,特别有效。这就好像落水者遇到救生船,少男少女容易与"知心"的异性产生亲密感,觉得"只有对方最在乎我,最理解我",两人闪电似地好起来。但当对方脱离烦恼之后,不再需要先前那位"救助者"了。因此,带有心理救助性质的异性交往,不可能持久,就像获救者不再依赖救生船一样。但这种"心理救助"性质的异性友情,充当了心理医生或心理辅导员的角色。正因为这样,避免了孩子们从一般的情绪困扰转而成为心理障碍,也可预防心理障碍发展成为心理疾病。作为父母和老师,难道不应对少男少女之间这种志愿者式的心理救助充满感激之情吗?千万不应以"搞对象"之类的心理暗示造成这种本应是短暂的情谊被强化为长久的心理依赖甚至终身的承诺,那反而会束缚或误导了孩子。

总之,父母和老师在认真分析和读懂了少男少女友情的性质和功能之后,就应该转变观念和态度,从封杀、堵截到疏导、关心,并与孩子坦诚地讨论。前者会造成"逆反"甚至弄假成真,后者才会使青春友情发挥积极功能,促进孩子健康成长,人格健全,将来拥有幸福美满的人生。

(吴 军)

爱在青春期

♀♂ 41. 初恋情结为何如此刻骨铭心

"我女儿好不容易熬过那个失恋的黑夜,至今仍不觉白昼的光明。她睡梦中都在呼唤那个男孩的名字,而任何别的男孩她都不屑搭理。您说她是不是得了痴迷症?"

如今少男少女的初恋,大多来自生理上的早熟,肉体的欲望与精神上的爱火往往不能同时燃烧。当精神和理性觉醒之后,他们才意识到当初的爱是那样肤浅、幼稚,加之彼此的缺陷得以暴露,或无力调节某些矛盾,很难相互接纳,等等。于是,当初那种生理欲望也随之减弱,心理日见疏远,分手就几乎成了必然。仔细观察少男少女们的初恋,大多难以坚持长久。"来得容易去得快",是不成熟的爱情或者称"练习式"的爱情共同的特征。

尽管如此,初恋的感觉仍旧令人回味无穷甚至刻骨铭心。为什么?也许因为这是一种"未能完成的""不成功的"事件,更使人难以忘怀,这就是所谓的"契可尼效应"。

西方心理学家契可尼做了许多有趣的试验,发现一般人对已完成了的、已有结果的事情极易忘怀,而对中断了的、

未完成的、未达目标的事情却总是记忆犹新。未获成果的初恋中美好时辰和景象，大多深深地印入恋人的脑海，使他们在一生中都难以忘却。这种心理现象，可以举出许多。例如，你在数学考试中要答100题，其中99题都完成得很好，就是那一道题把你难住了，没完成，未得出答案。下课铃响了，你交卷后走出考场，与同学们对答案，那99题都有正确的结果，而那未完成的一题，同学告诉了你答案。从此以后，那未完成的一题被你深刻而长久地记住了，而那99题却被你抛到九霄云外。今后再考试时，若出现当初你未完成的那一题，你就再也不会做错，因为它被你牢牢地刻在脑海中了。

这样解释初恋的记忆，就很容易明白其中的奥秘了。作为父母，为教育青春期的孩子，的确应当学习一些心理学常识。如果父母平日就弄懂了上面那些道理，面对孩子陷入初恋的激情时，就要提醒孩子青春之恋往往是难以完成、没有结果的，使其做到"一颗红心，多种准备"。当发现孩子陷入失恋痛苦时，便可实施科学的劝告，向其讲解契可尼的试验，让其明白，初恋之所以令人刻骨铭心，正是源于初恋的未完成性。而对这种刻骨铭心的记忆反复追寻，就可能导致痴迷。特别是在失恋初期，暂时尚无别的朋友或兴趣来转移孩子的注意力时，最容易在孤独感、寂寞感的伴随下反复去咀嚼当初恋爱的滋味，回忆逝去的感情，从而加剧痛苦，达

到难以自拔的程度。

在这种情况下,父母的一般劝慰是难以奏效的。例如只说:"那个男孩如此狠心,趁早忘了他吧!"或者说:"你这么优秀,还愁今后没有人爱你吗?"这些劝告,均未针对孩子痴迷的成因。如今的少男少女很聪明,求知欲强,接受的信息很多。尤其是那些能够深陷失恋痛苦的孩子,往往是思虑过度的孩子,头脑简单的孩子是不会有长久而强烈痛苦的。因此,面对这类多思善感的少男少女,父母不能简单粗心地对待。用关爱的态度和科学的语言与孩子促膝谈心,使他们最终做到通情达理,才能真正解开心里的疙瘩,重新振作起来,以乐观的态度去面对新的生活,迎接新的挑战。这样,孩子就不会在第一次失恋的痛苦中停滞不前,甚至自暴自弃,而是从初恋与失恋的经历中学习到成长的知识、心理调适的技巧,从而走向健康的成年。

由此看来,今天,做少男少女的父母真是不容易。尤其是当你的孩子进入高中,其智慧与情感都复杂化之后,你发觉自己很难读懂孩子的言行举止了。须知,如今这一代高中生的父母,多半是在"文革"那个封闭而不正常的年代度过自己青春期的,当时根本不可能接受什么青春期心理健康或性健康教育,加之那时环境简单,信息量很少,父母一代可谓"单纯",也可谓"傻"。而今天,时代完全变了,孩子们不可能去重复父母那一代的青春期经历。因此,父母如何

"与时俱进"地去理解和帮助孩子安全而健康地度过青春期,就成了一道必须经过学习才能解答的难题。

"家家有本难念的经",父母们在参考上面的意见时,还必须针对每个孩子的实际情况。愿每个青少年都能平安度过初恋,以健康的心理面对几乎是必然要经历的失恋。

(陈一筠)

爱在青春期

42. 青春之恋：一颗红心，多种准备

"我16岁的儿子近来总是愁眉苦脸。昨天我忍不住问他怎么啦，没想到他冒出一句：'失恋了，别烦我！'接着呜呜地哭起来。我和他妈都愣了。还没长大的孩子，就会失恋吗？为什么？父母该怎么劝他呢？"这位父亲的困惑，估计是很多父母都曾有过的吧？

多数父母认为，"恋情""爱情"之类的体验，只能发生在成年男女之间。因此，"失恋"的痛苦，当与少男少女无关。其实不然，世界上几乎所有国家都规定了青年人多大年纪可以结婚，但没有一个国家有恋爱年龄的规定。

由于每个人的生理和心理成熟早晚不同，健康状况不同，生活机遇不同，接受外界刺激的情况也不同，究竟在何时何地萌生"恋情"，绝对是因人而异的。古今中外，"青梅竹马"的爱情乃至婚姻都不罕见。今日少男少女，性成熟的提前和媒体刺激的加剧，以及社会观念的开放、成年男女的爱情示范，都使青春之恋屡见不鲜。

少男少女的情感，处理得当，并不是坏事，反而有助于

"春潮"释疑

排解孤独,滋养心灵,增强自信,学习理解,锻炼意志,培育人格。但处理不当,就会导致失望与痛苦。

孩子驾驭青春之恋的能力,不是与生俱来的。这种能力与其他能力一样,都是从父母和老师的教导中学习的,从实践中锻炼出来的。然而,父母和老师既然根本不认为孩子有"恋"和"爱"这回事儿,就当然不会正视孩子的失恋痛苦了。正是在这种情况下,青少年就难以获得应对失恋的能力,他们中因"失恋"而发生的意外事件,就频频见诸报端。

其实,要预防孩子青春之恋出现意外,不能等到孩子"出轨"或"失恋"时再去救火,而是要预先告诉孩子关于友情、爱情、婚姻及性健康等各方面的知识,培养孩子富有科学理性和为自己、为他人负责任的心理品质。

首先,当父母观察到孩子开始与异性朋友亲密交往时,就应当在理解和接纳的同时,告诉孩子,爱要经历播种、耕耘、收获几个季节,每个季节都需要投入心血和汗水。在收获爱的成果之前,漫长的岁月需要负起耕耘、培育的责任,否则爱便没有收成。培育爱的成果,就是充实知识,完善人格,使自己走向成熟的过程。一个不成熟的人是无法收获成熟爱情的。偷吃不成熟的爱的果实,体验到的只能是苦涩;而成熟的人享受成熟的爱,才会体验甘美。要告诉孩子成熟的爱具有的基本特征是关怀、信赖、接纳、尊重和平等。

"爱情"是对所爱者的生命及其成长的关怀与珍视之情,是双方追求进步与完美的激励之情。因此,爱情是不允许一个人有自私、出轨、失去人生目标乃至伤害对方之举的,如果发生这种情况,便证明其声称的爱情其实不是爱情,也许是把本能的需要或性的吸引误作了爱情。

其次,父母还要告诉孩子,春天播下爱的种子,秋天未必一定有收成。因为风云变幻莫测,病虫害无法被人类完全抗拒,加之种子本身也有强健与柔弱之分。爱情何尝不是这样。古今中外,多少感人肺腑、催人泪下的故事,都是讲述那些曾经倾心投入却没有收获到爱情成果的"失恋者"的经历。事实证明,越是投入、越是重感情和越是负责任的人,遭遇失恋的痛苦越深。而那些"游戏人生"的轻浮者,是不会有失恋痛苦的。为了预防青春期的孩子过早陷入失恋的痛苦不能自拔,甚至酿成某种悲剧,最好的办法就是让他们预先知晓,无论是多么真诚、多么浓烈的爱情,都可能有三种结果:一是幸福地永久结合,二是友好地或痛苦地半途分手,三是有情人难成眷属。据几所名牌大学团委的粗略统计,大学生谈恋爱最终达到结婚的,不到恋爱者的20%,那么中学生呢,肯定概率更低;70%以上的大学恋人分手了,还有个别人因户口、签证、双方家庭的影响等客观困难,陷入"有情人难成眷属"的窘境。告诉孩子们这种现实,是为了他们在爱情路上做到"一颗红心,多种准备",

"春潮"释疑

增强对"失恋"的心理承受能力,以防意外事件发生。

但当孩子表现出因失恋而苦恼时,父母的关怀、理解、劝慰是极其重要的。此时还要注意陪伴孩子参加各种娱乐休闲活动,转移其注意力,防止他们闭门思痛,独自咀嚼苦果。如果父母或其他亲人以冷漠、斥责、羞辱等态度对待"失恋"中的孩子,就会犹如"雪上加霜",使孩子本来脆弱的感情更易崩溃,从而出现意想不到的后果。

总之,失恋是探索成熟爱情过程中的一种人生体验。今天青春之恋发生得越早,初恋收获成果的可能性就越低,而遭遇一次甚至多次失恋就将成为少男少女较普遍的经历。这种经历可能成为人生的宝贵资源,也可能成为命运的灾祸,全看孩子们当初曾经得到过什么样的教育和指导,对现实做出怎样的反应。在对待初恋与失恋的问题上,最能看出青春期孩子的心理是否健康,素质是否过硬。

(吴　军)